LA

LÉGENDE D'IRÉNÉE

ET

L'INTRODUCTION DU CHRISTIANISME

A LYON

PAR

Édouard MONTET

GENÈVE

IMPRIMERIE CHARLES SCHUCHARDT

1880

LA
LÉGENDE D'IRÉNÉE

ET

L'INTRODUCTION DU CHRISTIANISME

A LYON

PAR

Édouard MONTET

———

GENÈVE

IMPRIMERIE CHARLES SCHUCHARDT

1880

INTRODUCTION

Documents originaux et sources diverses.

L'histoire de l'introduction du Christianisme à Lyon est étroitement liée à la biographie de l'évêque Irénée. A vrai dire, au point de vue chronologique, Irénée n'est que le second chef de l'église de Lugdunum ; mais le rôle qu'il a joué dans le développement de la communauté, dont l'existence est antérieure à son arrivée à Lyon, est d'une importance capitale dans l'histoire des premiers développements de cette église. Le premier évêque de Lyon, Pothin, n'a guère laissé de traces dans la mémoire des hommes, et l'œuvre qu'il avait entreprise, et qu'il n'avait en réalité qu'ébauchée, c'est Irénée qui l'a faite et achevée. Enfin l'étroite union qui rattache à la personne d'Irénée les premières années de l'église lyonnaise est un fait tellement évident, que nous verrons la légende confondre deux époques distinctes et ajouter le nom du grand évêque à la liste des fidèles martyrisés avec Pothin.

Les documents originaux de cette histoire sont peu nombreux ; leur rareté les rend d'autant plus précieux. Nous devons mettre en première ligne les monuments épigraphiques chrétiens d'origine lyonnaise. La ville de Lyon compte au nombre des plus grands centres épigraphiques de notre pays, qu'il s'agisse d'inscriptions païennes ou d'inscriptions chrétiennes ; on la place, à ce point de vue, au même rang que Vienne, Arles et Narbonne. Le catalogue du *Musée lapidaire* de la ville, déjà ancien (il date de 1855), contient 790 numéros désignant en majorité des épitaphes de l'époque romaine. Depuis l'impression de ce catalogue, bien d'autres inscriptions ont été découvertes; il ne faut pas non plus oublier un assez grand nombre de marbres disséminés à droite et à gauche dans la ville, surtout dans les églises. Le nombre des seuls monuments chrétiens antiques, trouvés à Lyon, s'élève à environ quatre-vingts. Ces inscriptions tumulaires fournissent d'importants renseignements sur l'origine de l'église lyonnaise et en particulier sur la nationalité des premiers chrétiens de Lugdunum.

Bien plus précieux encore sont les fragments qu'Eusèbe nous a conservés de l'épître adressée par les chrétiens de Lyon et de Vienne aux églises de Phrygie et d'Asie Mineure, épître qui raconte les persécutions qui eurent lieu à Lyon en l'an 177. Cette lettre et le récit du martyre de Polycarpe sont les deux plus anciens documents de la littérature hagiographique, mais ces deux documents n'ont pas la même valeur. Si l'on a pu avec raison attaquer l'intégrité du *Martyre de Polycarpe* et montrer qu'il fallait singulièrement rabattre de la confiance absolue accordée à cette relation, les objections dirigées contre l'authenticité de l'épître des églises de Lyon et de Vienne ont été impuissantes à ébranler l'autorité de cet antique procès-verbal [1]. Sans doute l'épître parle avec une exagération, qu'on aurait

[1] Ces objections ont été clairement exposées et réfutées dans l'ouvrage suivant de Donaldson : *A critical history of christian literature and doctrine, from the death of the apostles to the nicene council*, vol. III, London 1866.

tort de nier, des apostats, de l'attitude de Sanctus après la seconde torture à laquelle il fut soumis, de la révélation d'Attale et de l'humilité des confesseurs. Mais ces exagérations paraissent bien naturelles, quand on songe que la lettre fut écrite peu de temps après ces terribles persécutions; il faut être indulgent à l'égard de l'écrivain qui a été acteur et martyr. Quant au fait que les chrétiens de Vienne furent jugés à Lyon, alors que les deux villes faisaient partie de deux provinces différentes [1], il s'explique par la proximité des deux cités, par la commune accusation lancée contre les chrétiens des deux églises et qui d'ailleurs partit de Lyon, et par la prépondérance de l'église de Lyon sur celle de Vienne qui n'en était qu'une annexe, puisqu'un seul et même évêque dirigeait les deux communautés. Deux procès dans deux villes différentes se comprendraient mal pour juger des accusés compromis dans une seule et même cause, et le voisinage des deux cités rend inadmissible l'hypothèse d'une double procédure. Le profond accent de sincérité qu'on trouve dans l'épître des fidèles lyonnais et viennois à leurs frères d'Asie Mineure écarte du reste tout soupçon d'inauthenticité ou de fraude pieuse.

Aux documents originaux nous devons ajouter un court fragment, conservé par Eusèbe, d'une épître des églises de Lyon et de Vienne à l'évêque de Rome Éleuthère, et les écrits divers qu'a laissés Irénée. Les écrits d'Irénée ne fournissent malheureusement que peu de renseignements sur sa vie et sur sa carrière pastorale; nous y puiserons

---

[1] Jusqu'en 314, Vienne fait partie de la Narbonnaise; à cette date, Vienne devient la capitale d'une nouvelle province qui porte son nom.

néanmoins d'importantes données générales sur la communauté chrétienne de Lugdunum.

En dehors des pièces originales que nous venons d'énumérer, nous trouverons de précieux mais courts renseignements sur les faits historiques, que nous voulons étudier, dans Jérôme, dans Sulpice Sévère et dans Grégoire de Tours. Quant à ce dernier écrivain, tout en reconnaissant la haute valeur et les mérites incontestables de son *Histoire des Francs*, nous ferons quelques réserves sur ses traités *De gloria martyrum* et *De gloria confessorum* dans lesquels il y a de nombreuses erreurs. Mais c'est surtout aux *Acta Sanctorum* et aux martyrologes que nous devrons avoir recours. Malheureusement il y a tant de contradictions et d'obscurités dans cette curieuse littérature, et les moines, aidés dans leurs pieux efforts par ces deux grands niveleurs, qu'on nomme le Temps et la Tradition, sont parvenus à y souder avec tant d'habileté la légende et l'histoire, qu'on ne peut user des Actes des Saints qu'avec la plus grande circonspection. Les martyrologes d'ailleurs se copient le plus souvent les uns les autres, et les additions y sont si nombreuses que l'historien dans la plupart des cas se voit dans l'impossibilité de purger le texte primitif de ses interpolations. C'est dire que la tâche du critique est ici difficile et ingrate. Il faut non seulement renoncer à l'espoir de reconstituer le texte de Bède, mais on doit se résigner encore à tâtonner au milieu des incertitudes qu'offrent tous ces martyrologes dont le plus grand nombre ne remonte pas au delà du neuvième siècle, et bien qu'ils paraissent dériver d'une source commune, c'est peine perdue de vouloir retrouver cette source. Quant à Jacques de Voragine, sa *Légende dorée* dénote trop de compilation hâtive et trop d'amour des fables pour mériter quelque crédit.

Nous appliquons la même critique défiante aux *Acta martyrum*. Parmi ceux qu'on regarde comme les plus anciens et qu'on croit pouvoir faire dater du quatrième siècle, nous aurons à étudier ceux d'Alexandre et d'Épipode. Leur antiquité nous les rend vénérables, mais leur contenu légendaire qui tranche et qui contraste si visiblement avec le récit simple et véridique de la lettre sur les martyrs de Lugdunum, conservée par Eusèbe, nous empêche de les avoir en bien haute estime. L'homélie d'Eucher sur les mêmes martyrs est inauthentique et sans valeur.

A cette énumération des sources de l'histoire que nous écrivons, nous ajouterons, en terminant, les titres des principaux ouvrages dans lesquels on trouve d'importants renseignements sur Lugdunum à la fin du second et au commencement du troisième siècle de notre ère, sur l'introduction du Christianisme dans cette ville et sur la biographie d'Irénée. Le plus remarquable de ces travaux est sans aucun doute l'œuvre magistrale de M. Le Blant sur les Inscriptions chrétiennes de la Gaule. Citons ensuite les grands ouvrages, remplis de documents précieux, mais d'une critique bien insuffisante, de M. Monfalcon sur l'histoire de la ville de Lyon, et de M. de Boissieu sur les Inscriptions antiques de cette cité. Mentionnons enfin deux études approfondies de M. Albert Réville, l'une sur le Montanisme (*Nouvelle revue de théologie* 1858), l'autre sur Irénée et le Gnosticisme (*Revue des Deux Mondes* 1865).

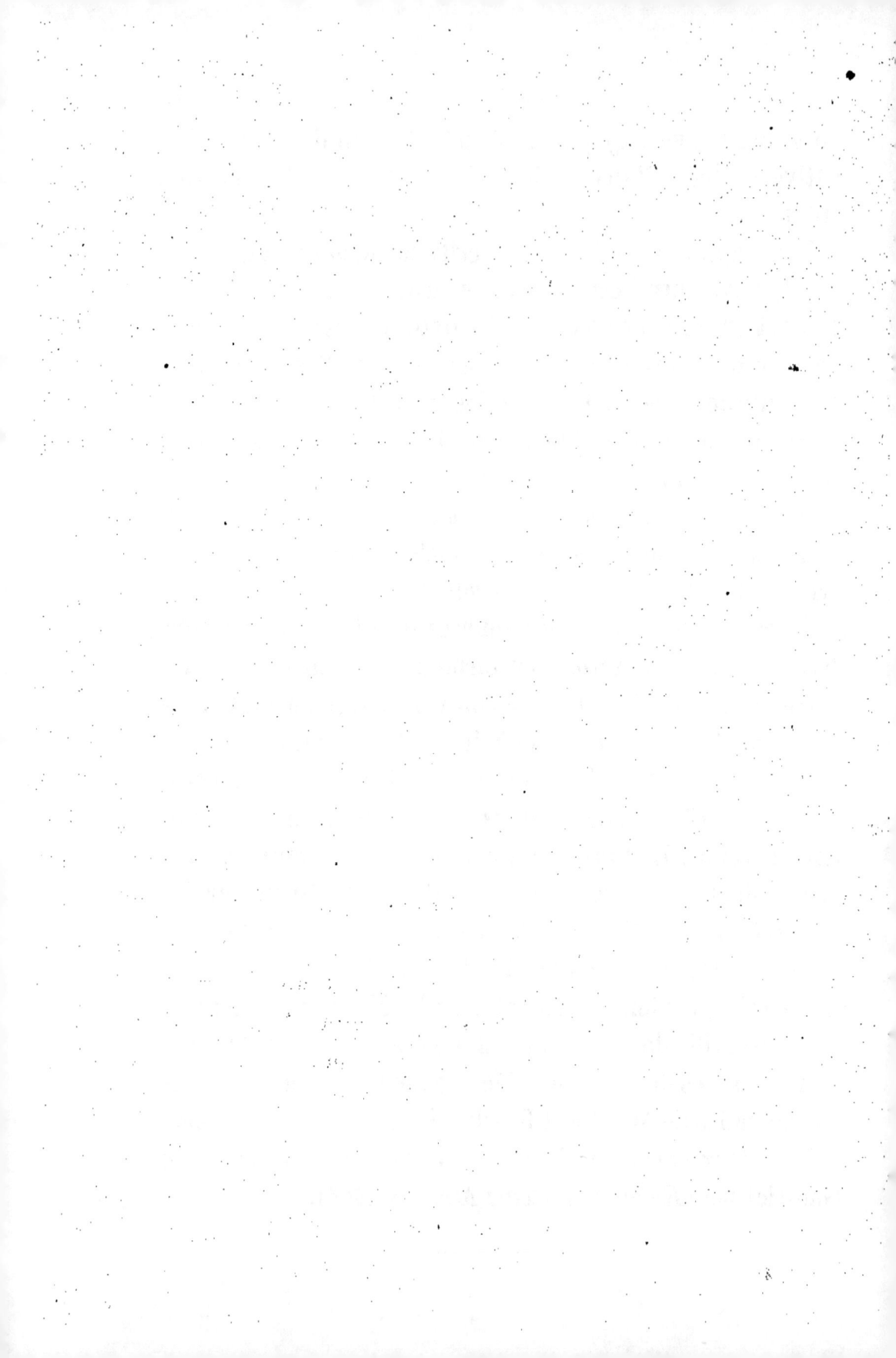

CHAPITRE I

Premières traces du Christianisme à Lugdunum.

Toutes les grandes institutions humaines ont des débuts lents et pénibles : la baguette de la fée n'intervient pas dans leurs premiers développements et les difficultés, les lenteurs et les obstacles de tout genre à l'origine augmentent avec l'importance de l'œuvre entreprise. De là l'obscurité profonde qui entoure le berceau des sociétés et des associations innombrables organisées dans le monde, obscurité dont on voit croître l'intensité à mesure qu'on s'éloigne de l'époque contemporaine pour remonter le cours des âges. Les religions offrent un frappant exemple des ténèbres qui peuvent s'accumuler autour des origines d'une grande institution. En vertu même du rang élevé qu'elles occupent, et en raison directe de leur spiritualité, les recherches de l'investigateur, qui veut s'enquérir des faits et des causes qui ont présidé à leur naissance, deviennent, en s'étendant, de plus en plus ardues et souvent même de plus en plus infructueuses, parce que l'aspect sous lequel elles se présentent à nous, à telle époque déterminée de leur histoire, n'est que le résultat de longues évolutions dont le point de départ est perdu ; les documents primitifs et authentiques faisant défaut, on en est réduit à des conjectures plus ou moins plausibles.

Le Christianisme n'échappe pas à la loi que nous venons de poser. Malgré les travaux remarquables et nombreux dont il a été l'objet, il reste encore dans son histoire bien des points obscurs. Les ténèbres que nous signalons ne s'étendent pas seulement sur son berceau; on les rencontre aussi dans la seconde période de l'histoire de ses origines, c'est-à-dire dans la période où, abandonnant la Palestine, il se répand en Asie Mineure et en Occident, période qui inaugure l'ère de la fondation des églises chrétiennes.

Lorsqu'une religion nouvelle cherche à gagner des partisans sur un sol occupé déjà par d'autres religions, son avenir dépend de la modestie de ses premières allures et de sa première propagande. Il faut qu'elle passe presque inaperçue jusqu'au jour où, défendue par les âmes qu'elle a conquises, elle peut faire sa déclaration d'établissement et réclamer ses droits à l'existence. Au début, elle ne doit donc chercher qu'à faire pardonner et tolérer sa présence en vivant sans attirer une attention qu'elle ne peut que redouter et qui ne saurait être que malveillante. Cela nous explique l'obscurité qui dérobe à notre vue les premiers travaux missionnaires qui ont fondé les églises d'Italie par exemple, et celle de Rome en particulier, où, avant l'arrivée de l'apôtre Paul, existait une communauté chrétienne, sinon organisée, du moins commençant à grouper quelques fidèles.

Les églises de la Gaule n'offrent pas d'exceptions, pour leurs origines, à la règle que nous venons d'établir. L'histoire de leur fondation est tout aussi obscure, bien qu'elles remontent à une moins haute antiquité. Il est vrai de dire que les progrès de la foi chrétienne ont été moins rapides en deçà des Alpes qu'au delà. Cette lenteur du Christianisme dans la conquête de notre pays, qui doit être attribuée à l'ignorance plus grande des populations gallo-romaines et à la persistance des superstitions locales, n'a servi qu'à faire oublier plus promptement encore le peu de renseignements qu'on avait sur l'introduction de la religion de Jésus dans la Gaule.

Aucun grand nom ne se rattachant à la création de ces églises, fondées par de petites gens dévoués dans leur humble position à la cause chrétienne, on conçoit aisément avec quelle facilité la légende a pu mettre des noms connus ou illustres, là où personne n'avait agi en qualité de fondateur ou d'organisateur unique, mais où tout le monde en réalité avait travaillé. Pour ce qui est de la Gaule, elle n'a pas hésité à remonter aux personnages du Nouveau Testament; cet honneur était bien dû à cette grande église, qui devait devenir plus tard la fidèle servante de la papauté. À l'en croire, nos premiers apôtres auraient été Lazare, ressuscité pour cette mission sainte, Marthe et Marie ses sœurs, avec leurs servantes Marcelle et Syntique, et Maximin l'un des soixante-dix disciples envoyés par Jésus; ajoutez à ces personnages les trois disciples de Paul, Crescent, Trophime et Sergius Paulus, et vous aurez, pour ne parler que des plus illustres, les principaux fondateurs des églises de Gaule.

Quant à Lyon, s'il faut ajouter foi à ce que rapporte le P. le Laboureur dans son travail sur « les masures de l'Ile-Barbe, » île de la Saône, située à une faible distance de Lyon et en amont de la ville, la légende raconte que le soldat Longin, qui perça le flanc de Jésus d'un coup de lance, érigea une église en l'honneur de saint André sur le rocher de l'Insula Barbara. Longin se serait donc converti au Christianisme et, pour expier son crime, il serait venu accomplir une œuvre missionnaire dans les environs de Lugdunum. Cette légende fut répandue, paraît-il, par un clerc de Lyon qui avait étudié à Milan, où il l'avait apprise d'un vieux moine très instruit, qui lui-même l'avait lue dans un ouvrage. Le chroniqueur qui relate cette histoire a confondu le soldat Longin avec un seigneur gaulois ou bourguignon de même nom, qui fonda au cinquième siècle dans l'Ile-Barbe une église sous le vocable de saint André [1].

Si nous laissons de côté cette légende, fort peu connue d'ailleurs, pour porter notre attention sur les deux premiers évêques de Lyon, Pothin et Irénée, qui vécurent à la fin du second siècle, la tradition ne manquera pas de nous faire observer que ces deux évêques ne sont après tout que des disciples de Polycarpe et de Papias, disciples eux-mêmes de l'apôtre Jean, et elle insistera sur le titre de bien-aimé que le quatrième évangile donne à cet apôtre, pour montrer l'étroite union qui rattache l'origine de l'église de Lyon à l'apôtre par excellence ; or, de l'apôtre à Jésus il n'y a qu'un pas.

Tout autres sont les renseignements que nous fournit l'histoire. Elle nous apprend d'abord que le Christianisme n'a pénétré que tardivement en Gaule, et les témoignages qu'elle avance à l'appui de cette affirmation sont nombreux

[1] Ozanam, *Mémoire statistique pour servir à l'histoire de l'établissement du Christianisme à Lyon*, etc. Lyon, 1829, p. 11.

et probants. Grégoire de Tours, mort en 585, fait remonter les premiers travaux d'organisation de l'église gallo-romaine à l'époque de l'empereur Décius, vers l'an 250[1]. Son assertion repose d'ailleurs sur les Actes de saint Saturnin, publiés dans les *Acta sincera* de Ruinart, et qui, en fixant l'époque où l'évangile fut annoncé dans le pays toulousain, affirment d'une manière très précise la lenteur des progrès du Christianisme en Gaule. Sulpice Sévère, qui mourut à Marseille vers l'an 410, place sous Marc-Aurèle la première persécution gauloise, ajoutant que le *culte de Dieu* n'a été que tardivement *reçu* au delà des Alpes[2], renseignement précieux confirmé par la célèbre épître adressée à sainte Radegonde par sept évêques du second concile de Tours tenu en 567, qui attribuent la diffusion du Christianisme en Gaule à Martin de Tours qui vécut à la fin du quatrième siècle[3].

Il est vrai que les auteurs catholiques qui soutiennent avec ardeur l'antiquité des églises gallo-romaines, font

---

[1] *Hist. franc.*, I, 28. Grégoire de Tours semble, sinon contredire, du moins obscurcir son affirmation dans le *De gloria confessorum* (c. 80). Il parle dans cet ouvrage d'un certain Ursinus, qu'il désigne ailleurs (*H. franc.*, I, 29) par le titre de disciple des sept missionnaires-évêques qui évangélisèrent la Gaule sous Décius, et il déclare que cet Ursinus fut ordonné par les disciples des apôtres. Que faut-il entendre par ces disciples des apôtres qui vivent dans la seconde moitié du troisième siècle? Cet exemple montre qu'il ne faut pas accorder aux ouvrages secondaires de Grégoire de Tours la même confiance qu'à sa grande histoire des Francs. Le texte du *De gloria confessorum* est-il ici fautif, ou bien l'*Historia francorum* corrige-t-elle cette erreur?

[2] *Sacræ hist.*, l. II.

[3] Grégoire de Tours, *H. franc.*, IX, 39.

appel à un passage d'Irénée qui semble justifier leur thèse.
L'évêque de Lugdunum déclare, en effet, au dixième chapitre de son premier livre contre les Gnostiques, que la
tradition est partout la même, dans les églises de la Ger-
manie, de l'Espagne, de la Gaule (ἐν Κελτοῖς), comme dans
celles de l'Orient, de l'Égypte et de la Libye. Mais on ne
peut évidemment voir dans ce passage, comme dans le fragment de Tertullien [1] relatif à la conversion des Gentils aux
extrémités de l'Espagne, dans les diverses tribus des
Gaules et dans les contrées des Bretons, qu'une de ces
généralités oratoires qui ne sauraient fournir de renseignement précis et que les besoins de la controverse n'engen-
drent que trop aisément. Le fait qu'Eusèbe [2] et qu'Épiphane [3] lisent, conformément au texte du Sinaï, εἰς Γαλλίαν
dans le fragment d'une épître d'authenticité fort contro-
versée [4] nous paraît insuffisant, en dehors de tout autre
document venant confirmer ce témoignage unique malgré
la triple forme qu'il revêt, pour prouver que le personnage
nommé Crescens a été envoyé en Gaule par l'apôtre Paul.
Quant à l'assertion de Cyprien [5], qui nous parle dans une

---

[1] *Adv. Judæos* VII. Nous rangeons dans la même catégorie le
passage de Lactance (de morte persecut., 3), déclarant qu'après
Néron il n'y avait aucun coin de la terre, si reculé qu'il fût, qui
n'eût reçu l'Évangile. Combien plus faibles encore seront les décla-
rations d'Innocent Ier, affirmant, en 416, que les églises de Gaule
ont été fondées par les seuls envoyés de l'apôtre Pierre !

[2] *Hist. eccl.*, III, 4.

[3] Adv. Hær., 51, ed. Pet., p. 438. Épiphane montre encore Luc
annonçant l'Évangile en Gaule.

[4] 2 Tim. IV, 10.

[5] Epist. 67 (au pape Étienne).

épître de l'an 254 de dissensions dans l'église d'Arles et d'un épiscopat alors constitué en Gaule, il est impossible d'y voir une preuve de l'origine apostolique de cette église, et, lorsque deux siècles plus tard les évêques de la province d'Arles écriront à Léon le Grand que « toute la Gaule sait et que la sainte église romaine n'ignore pas qu'Arles, la première ville des Gaules, a mérité de recevoir de saint Pierre saint Trophime pour évêque, et que c'est de cette ville que le don de la Foi s'est communiqué aux autres provinces des Gaules [1], » c'est que la légende aura eu le temps de se former, de se répandre et de convaincre les esprits.

Le Christianisme n'a donc fait que tardivement son apparition en Gaule. Nous chercherons plus loin à préciser une date pour son introduction à Lugdunum. Auparavant il nous est indispensable de savoir de quelle contrée il est venu dans le Lyonnais, l'indication de son point de départ devant nous être utile pour déterminer la date de son établissement dans cette région.

Les investigations historiques ont prouvé depuis longtemps, en dépit des efforts des auteurs dévoués à la cause romaine, que la religion de Jésus a été directement transportée d'Orient dans notre pays. C'est de l'Orient et spécialement de l'Asie Mineure, cette contrée religieuse par excellence, que sont venus les premiers chrétiens qui ont habité la Gaule. Notre but étant de retracer les origines du Christianisme à Lyon, nous nous attacherons à faire ressortir l'évidence de cette thèse surtout pour la cité qui

[1] Sirmond, *Concilia antiqua Galliæ*, Parisiis, 1709, I, p. 89.

devint plus tard la métropole religieuse des Gaules. Les preuves abondent, les documents sont précis : il est intéressant de les énumérer, de les parcourir et d'y puiser d'utiles renseignements.

L'église de Lugdunum est orientale dans la personne de ses deux premiers évêques, qui étaient d'Asie Mineure ; leurs noms sont grecs ; leur langue est la langue grecque. Plusieurs des martyrs de l'an 177 étaient aussi originaires d'Asie Mineure. Attale était de Pergame, Alexandre, de Phrygie. D'autres portent des noms grecs : Epagathos, Biblias, Alcibiade, Épipode. La célèbre épître des églises de Lyon et de Vienne aux églises d'Asie Mineure et relative aux persécutions lyonnaises est écrite en grec, comme les ouvrages d'Irénée. On peut en conclure que le culte se célébrait en grec [1], puisque les fidèles parlent grec et qu'Irénée, qui connaissait le latin, emploie la langue grecque quand il fait de la controverse et qu'il réfute, dans un ouvrage destiné à ses paroissiens, le gnosticisme qui menace la communauté. Le grec d'ailleurs était parlé à Lugdunum

[1] On lit dans l'ouvrage de M. Paul Lacroix (Bibliophile Jacob) sur *La vie militaire et religieuse au moy'n âge et à l'époque de la Renaissance,* 2me éd., Paris, 1873, (p. 218) : « Saint Irénée, qui écrivait au milieu du deuxième siècle, mentionne aussi, dans son livre contre l'hérésie, une sorte de *Gloria in excelsis* qu'on chantait en grec dans les assemblées chrétiennes, à la consécration de l'hostie, et dont voici la traduction : « A toi toute gloire, vénération, actions « de grâce, honneur et adoration au Père, au Fils et au Saint- « Esprit, maintenant et toujours et dans les siècles des siècles « infinis, éternels ! » Le peuple répondait : « *Amen!* » M. Lacroix néglige d'indiquer la source où il a puisé cette antique liturgie, mais nous pouvons affirmer que le passage en question *n'existe pas* dans les œuvres d'Irénée.

par une partie considérable de la population, témoin les
sortes de joûtes littéraires que Caracalla y institua et qui
étaient soutenues en grec et en latin. Le médecin lyonnais
Abascantus, que Galien cite et estime, écrit en grec au second siècle.

L'épigraphie ajoute de nombreux renseignements à ces
preuves évidentes de l'origine grecque du christianisme
lyonnais. Les inscriptions tumulaires de l'époque romaine
conservées à Lyon, et qui sont rédigées en latin, présentent une foule de noms grecs ou d'origine grecque [1]. Ce fait
est expliqué par les rapports commerciaux suivis que Lugdunum entretenait avec Marseille et les villes de l'Asie
Mineure. De là des voyages d'Asiatiques à Lyon et l'établissement d'un certain nombre d'entre eux dans cette
ville. La nationalité du défunt est parfois indiquée dans
ces épitaphes d'une manière plus ou moins vague. Le nu-
méro 17 du catalogue du *Musée lapidaire* porte l'indication suivante :

> *Tertinia, Grecque de nation, de Nicomédie.*

---

[1] Alcides, Alexander, Anastasius, Aphrodisia, Agathemeris,
Aristodemus, Arethusa, Asclepias, Athenais, Aniceta, Anicetus,
Anthis, Charito, Cylle, Cyrilla, Callipillie, Callimorphus, Deme-
trius, Epictetus, Euphrosina, Euphrosinus, Eutychianus, Eutychia,
Eutychetes, Elicion, Eusebes, Filetheres, Helias, Heliodorus, Hera-
clida, Hermes, Hylas, Hermeros, Helpis, Ianthis, Græca, Melea-
ger, Nicomedes, Nice, Myron, Onesimus, Parthénope, Polycarpus,
Polychronus, Polytimus, Synticene, Trophime, Thalasia, Theseus,
Tyches, Zoticus, Zotica, Zozimus, etc.

On ne trouve que trois noms d'origine celtique dans les inscriptions de cette époque :

Illiomarus, Urogenes, Uxassonius.

2

Voici d'autres exemples d'épitaphes où la nationalité est désignée :

Marinia Demetrias, Grecque de nation (N. 636).
Lanina Galatia, d'origine grecque (N. 35).
Mettia, Ionienne (N. 576).

Il suffit de consulter l'ouvrage de M. Le Blant sur les Inscriptions chrétiennes de la Gaule pour constater pareils faits dans les épitaphes antiques du reste de la France. Cet auteur [1] remarque en outre que la mention du double espoir de la résurrection et de la vie éternelle, qu'on retrouve dans de fort anciennes prières de l'Église grecque, se rencontre dans certaines épitaphes de la Gaule ; cette remarque s'applique principalement aux marbres de la Viennoise. Ajoutons enfin que la défense tout orientale de manger le sang des animaux est mentionnée dans l'épître des églises de Lyon et de Vienne aux chrétiens d'Asie Mineure [2], et que, d'après ce document, elle paraît être scrupuleusement observée dans ces églises.

Il est un autre domaine dans lequel se révèle l'origine orientale et grecque du christianisme lyonnais : nous voulons parler de la liturgie de l'église de Lyon. La vieille liturgie lyonnaise, dont l'usage a été interdit, malgré l'opposition du clergé diocésain, en vertu d'une bulle de Pie IX, lancée en janvier 1869 et confirmée par une décision archiépiscopale du 29 mars de la même année, cette vieille liturgie a son originalité propre : elle diffère de la liturgie gallicane tout aussi bien que de la romaine. « La messe

---

[1] T. II, p. 163.
[2] Eusèbe, *Hist. eccl.* V, 1, p. 26 (éd. Schwegler).

commence autrement à Saint-Jean de Lyon et à Saint-Pierre du Vatican ; après l'élévation, le prêtre étend ses bras en croix ; le *Libera nos, quaesumus Domine*, qui suit le *Pater*, est prononcé à haute voix. Il n'y a aux grandes messes ni livres de chants ni chantres gagés, laïques ou non ; le chant est exécuté par tout le clergé officiant, auquel peuvent s'associer les fidèles, selon l'ancien esprit de l'Église. Ce chant a lieu par cœur, selon l'usage de l'Église primitive ; il est un sujet d'édification, un préservatif contre les nouveautés, il tient à la constitution même de l'Église, fait partie de ses habitudes depuis un temps immémorial, et a mérité les éloges de plusieurs saints archevêques..... Le prêtre commence à haute voix la lecture de l'Évangile par ces mots : *In illo tempore*, et ajoute ceux-ci : *Qui tecum vivit et regnat* à plusieurs oraisons. Quand il dit : *Dominus vobiscum*, au mot *Dominus* il s'incline devant l'autel, puis se retourne vers le peuple auquel il fait une salutation au mot *vobiscum*. Le *Credo* est chanté aux grandes messes par le chœur ; le *Salutaris hostia* l'est pendant l'élévation par de jeunes enfants agenouillés devant l'autel. Il y a nombre d'autres particularités. Dans la liturgie lyonnaise, les cloches ont des accents graves et tristes pour les enterrements, des sons joyeux pour les fêtes ; il n'y a dans les sonneries ni monotonie ni uniformité [1]. »

Quant à l'origine de cette vénérable liturgie, à en croire d'antiques légendes, il faudrait remonter jusqu'à l'apôtre

[1] Monfalcon, *Histoire monumentale de la ville de Lyon*, t. V, Paris, 1866, 2ᵐᵉ partie, p. 32-33.

Jean, qui l'aurait transmise à Polycarpe, de qui Pothin l'aurait reçue. Les auteurs catholiques qui comprennent que les préoccupations liturgiques devaient être étrangères aux apôtres, lui donnent pour auteurs Hilaire de Poitiers, Musée de Marseille et l'évêque Sidoine, et ils la considèrent comme constituée au sixième siècle.

Cette liturgie a, paraît-il, de nombreuses ressemblances avec celle des églises grecques. C'est ce qu'affirme en tout cas un homme fort compétent en ces matières, M. de St-George, archevêque de Lyon depuis 1694 jusqu'en 1714, année en laquelle il mourut, dans un curieux manuscrit conservé dans la bibliothèque de cette ville [1]. Il dit en parlant de l'église dont il était le chef que « ses cérémonies et ses usages tiennent même encore beaucoup des églises grecques. » Parmi ces usages d'origine orientale signalons l'antique coutume, qui s'est conservée à Lyon et à Vienne

---

[1] Ce manuscrit, qui porte le n° 900, est un in-folio de 240 pages environ. Il a pour titre : *De la Primatie de Lyon*. Voici à quel propos il a été composé. M. de Saint-George qui, en sa qualité de primat des Gaules, jouissait d'une juridiction ecclésiastique très étendue, voulut y soumettre M. de Colbert, archevêque de Rouen. La contestation fut longue et, après avoir fait naître un grand nombre de mémoires imprimés, se termina en faveur de l'archevêque de Rouen par un arrêt du Conseil d'État du 12 mai 1702. Le manuscrit paraît être l'œuvre de M. de Saint-George qui y déploie une véritable érudition, en dépit de la hardiesse et de la singularité des thèses qu'il soutient. L'auteur cherche, en effet, à prouver que la primatie de Lyon s'étendit sur toutes les églises des Gaules, que cette église fut de fondation apostolique, qu'elle fonda les églises de Vienne, de Valence et de Besançon, que toutes les églises des Gaules ne formèrent qu'une seule province ecclésiastique sous la dépendance de l'église de Lyon, et cela d'après la discipline des premiers siècles et la décision des conciles, etc.

jusqu'à la mise en interdit de la liturgie lyonnaise, de célébrer la messe en commun [1] dans les grandes solennités,
et le nom grec de *Symmuzes* (concélébrants) qu'on donne
dans ces circonstances aux prêtres qui ont pris part au
sacrifice de la messe. Les sept prêtres, les sept diacres, les
sept sous-diacres, les sept acolytes de la messe pontificale,
selon la liturgie lyonnaise, rappellent les sept églises, les
sept anges, les sept étoiles, les sept esprits de Dieu de
l'Apocalypse ; les sept chandeliers des acolytes rappellent
les sept chandeliers d'or au milieu desquels saint Jean vit
paraître le fils de l'homme [2]. Enfin les mots *In illo tempore* placés en tête des Évangiles, la formule *Qui tecum
vivit et regnat, Deus* qui a trait à l'hérésie des Ariens et
qui termine certaines oraisons, et le *Libera nos* qui suit le
Pater, particularités de la liturgie de Lyon que nous avons
signalées plus haut, et qui sont fort anciennes, se sont également conservés dans l'église de Milan qui est, comme on
le sait, d'origine orientale. Il faudrait être prêtre et avoir
été nourri au séminaire du suc liturgique pour poursuivre
cet examen minutieux et porter, en connaissance de cause,
un jugement sur ces divergences souvent insignifiantes,
qu'offrent entre elles des liturgies somme toute concordan-
tes, mais qui échappent à l'attention du laïque étranger à
cet ordre d'idées et de faits.

Nous nous sentons sur un terrain plus solide et dans un

[1] Il y a célébration de la messe en commun, lorsque tous les
prêtres qui assistent à la cérémonie communient sous les deux
espèces.

[2] Morel de Voleine, *Recherches historiques sur la liturgie lyonnaise*, Lyon 1856, p. 81.

domaine où notre compétence peut plus sûrement s'exercer, lorsque nous considérons les traits généraux qui caractérisent l'église de Lyon dans l'histoire de son culte. C'est dans ces caractères généraux que nous relevons un fait important qui nous rappelle cette origine orientale que nous avons déjà constatée de plusieurs manières ; ce fait est le rôle que joue la Vierge dans l'histoire du culte catholique à Lyon. Le culte de la Vierge a revêtu et revêt encore à Lyon une splendeur inaccoutumée, et quiconque passe par cette ville dans la soirée du huit décembre peut voir quelles illuminations magnifiques servent à célébrer la gloire de l'Immaculée-Conception. Ce culte, né en Asie Mineure, a trouvé de chauds défenseurs dans le clergé lyonnais à une époque fort ancienne, et la légende, qui n'est jamais en retard sur la réalité, veut que Pothin, le premier évêque de la cité, soit venu d'Asie Mineure à Lyon en portant précieusement avec lui une image de la Vierge. Cette légende nous paraît caractéristique. Quant à l'histoire, elle nous apprend qu'au douzième siècle le chapitre de Lyon s'empara *con amore* du dogme élaboré par Paschase Radbert au neuvième siècle, et qu'à lui revient l'honneur d'avoir fondé la fête de l'Immaculée-Conception. L'histoire de son culte tout aussi bien que l'histoire de sa liturgie rattachent donc à l'Orient l'église de Lyon.

De l'ensemble des faits que nous venons de signaler et dont l'importance ne saurait échapper au lecteur attentif résulte cette assertion fondamentale et irréfutable: c'est de l'Orient et, pour préciser davantage, de l'Asie Mineure, que la religion chrétienne a été portée à Lugdunum. Ce fait est confirmé par les résultats des recherches identiques dont les autres églises gauloises ont été l'objet, résultats qui attestent l'origine orientale de ces églises. Cette affirmation primordiale va nous permettre de déterminer l'époque de l'introduction du Christianisme à Lyon.

Un fait historique certain, que nous étudierons dans le chapitre suivant, nous fournit un point de départ précieux dans nos recherches chronologiques ; nous voulons parler des persécutions de l'an 177, dans lesquelles périt l'évêque Pothin. Si cette persécution, dont le souvenir resta profondément gravé dans la mémoire des hommes de cette époque, témoin l'épître célèbre qui relate ce drame, a été suscitée contre la communauté chrétienne en voie de formation et à peine organisée, c'est que cette communauté, malgré le peu d'étendue de son influence, et en dépit des faibles ressources dont elle disposait, avait déjà néanmoins suffisamment fait connaître ses idées et ses croyances et donné lieu à une propagande assez active pour avoir attiré sur elle l'attention publique ; il fallait qu'elle eût ému l'opinion et qu'elle eût provoqué l'intervention d'une autorité toujours jalouse de maintenir ses droits, et toujours hostile à toute institution nouvelle paraissant lui ravir, sous couleur religieuse, une partie de son pouvoir et de sa prépondérance. En d'autres termes, une persécution n'a pu être décrétée que le jour où la communauté naissante est sortie de son berceau, et où elle a abandonné la modestie et l'humilité forcées auxquelles elle était condamnée, pour se faire connaître et pour se conquérir une place au grand jour. Dire qu'une violente persécution a eu lieu en 177 à Lugdunum, c'est dire que le Christianisme y était acclimaté depuis le milieu du second siècle, peut-être même qu'il y était parvenu avant l'an 150.

S'il était possible d'assigner une date exacte à l'arrivée
de Pothin à Lugdunum, l'historien fixerait avec plus de
précision l'époque de l'introduction du Christianisme dans
cette ville. Le pieux Asiatique mourut, il est vrai, à un âge
avancé, puisqu'il subit le martyre à quatre-vingt-dix ans ;
mais y avait-il longtemps qu'il était arrivé à Lyon ? Le peu
de souvenirs qu'a laissés son ministère nous font croire
qu'il était déjà assez âgé quand il se rendit dans cette ville.
D'ailleurs, comme la constitution d'une Église chrétienne
à Lyon ne date pas de lui, il n'a été que le successeur et
l'imitateur de ces missionnaires inconnus et de ces initiateurs ignorés qui répandirent les premiers la doctrine
chrétienne dans la grande cité gallo-romaine. Ces premiers
travaux d'évangélisation ont donc été accomplis vers
l'an 150 ; c'est autour de cette date un peu vague que gra-
viteront, jusqu'à la découverte peu probable de nouveaux
documents plus exacts, les appréciations diverses des historiens. Cette date, que la tradition catholique lyonnaise
trouve trop récente, concorde exactement avec les données
générales des écrivains ecclésiastiques que nous avons résu-
mées plus haut, et qui prouvent que la religion chrétienne
n'a fait que tardivement son apparition en Gaule. S'il est
vrai, par exemple, que l'organisation d'une église gauloise,
sous l'impulsion et la direction de l'église de Rome, ait eu
lieu, comme l'affirme Grégoire de Tours[1], vers l'an 250,
l'intervalle d'un siècle entre cette époque et l'arrivée des
premiers missionnaires n'a rien que de très probable.

Puisque le Christianisme a été porté d'Asie Mineure en

[1] *Hist. franc.* I, 28 ; X, 31.

Gaule, il est évident que Lyon n'a pas été la première ville
à le recevoir. Les missionnaires d'occasion ou de profession,
qui l'ont visitée, sont d'abord arrivés sur les côtes et ce
n'est qu'ensuite qu'ils ont remonté la vallée du Rhône. La
priorité de l'évangélisation est donc assurée aux villes et
aux campagnes de la Provence; l'épigraphie confirme d'ailleurs cette assertion. Elle nous apprend, en effet, que les
inscriptions chrétiennes les plus anciennes ont été trouvées
sur les côtes de la Provence. Des colons grecs d'Asie Mineure, attirés par leurs affaires dans la région de Marseille,
ont été les premiers initiateurs de la foi chrétienne en
Gaule, et, si l'on considère les dates diverses qu'on peut
assigner aux marbres chrétiens découverts en Gaule, on
conclura, comme M. Le Blant, que le Christianisme a par-
couru dans notre pays les étapes suivantes: Aubagne et
Marseille, Arles, Vienne, Lyon.

La priorité dans l'évangélisation appartient donc d'une
manière générale aux villes de la Provence; cependant la
solution de ce problème n'est pas aussi simple qu'il semble.
L'introduction du Christianisme en Gaule est en effet antérieure à l'an 177, date des persécutions lyonnaises. Or, les
inscriptions chrétiennes *datées* les plus antiques de la Gaule
ne remontent pas au delà du quatrième siècle; la plus précieuse et la plus vénérable, qui est de l'an 334, a été trouvée à Lyon, mais elle a été malheureusement perdue.
Quant aux marbres *non datés*, Aubagne et Marseille en
possèdent que M. Le Blant fait remonter au second siècle
et qui seraient contemporains des persécutions de Marc-
Aurèle; Arles en a qui sont antérieurs à Constantin, tandis
que Lyon et Vienne ne possèdent pas d'épitaphes compo-

sées avant le quatrième siècle. Ces inscriptions, surtout celles qui portent une date, sont donc insuffisantes pour fixer l'époque de l'introduction du Christianisme en Gaule, où il existait avant l'an 177, extrême date indiquée par de rares marbres. Plusieurs causes secondaires peuvent d'ailleurs expliquer l'infériorité des résultats des recherches faites à Lyon et à Vienne : marbres encore ignorés, inscriptions perdues (elles sont nombreuses), persécutions subies par les deux églises voisines au second siècle et dévastations énormes, commises par l'armée de Septime Sévère à Lugdunum en 197, au milieu desquelles ont pu disparaître les premiers vestiges tumulaires de la foi chrétienne[1]. La

---

[1] Voici le texte d'une antique inscription lyonnaise (n° 96) dont la rédaction singulière a pendant longtemps été considérée comme chrétienne :

MERVLA ET

D ⚓ M

ET MEMORIAE
AETERNAE

SVTIAE . ANTHIDIS
QVAE . VIXIT ANNIS . XXV
M. IX.D.   V. QVE DVM
NIMIA. PIA. FVIT. FACTA
EST. INPIA. ET ATTIO. PRO
BATIOLO CERIALIUS CA
LISTIO. CONIVX. ET
PATER   ET SIBI
VIVO   PONENDVM
CVRAVIT   ET SVB AS
CIA   DEDICAVIT

Ce qui a fait prendre Anthis pour chrétienne, c'est l'épithète d'*impie* qui lui est donnée. Mais la présence de l'*ascia* et des initiales D. M. indiquent que nous avons affaire à une épitaphe

priorité de l'évangélisation des villes de la Provence est donc avant tout fondée sur le lieu d'origine des missionnaires venus en Gaule: s'il est vrai que l'Asie Mineure soit leur patrie, Marseille et Arles les ont reçus avant Lyon et Vienne. Toutefois il nous est difficile de croire à une grande différence d'époques pour ce qui est de l'introduction du Christianisme dans ces diverses cités. Nous faisons reposer notre doute sur l'importance de villes telles que Lugdunum et Vienne et sur les nombreux rapports commerciaux qu'elles avaient avec l'Asie Mineure par l'intermédiaire des villes de la Provence.

Si les villes du Sud ont été les premières à recevoir le Christianisme, faut-il admettre que Vienne ait précédé Lyon dans la foi? Cela nous paraît peu probable, les deux églises ayant été profondément unies à l'origine; unies dans la direction, Pothin ayant probablement été leur commun évêque; unies dans la persécution, comme le montre l'épître des fidèles de ces deux églises aux chrétiens d'Asie Mineure. Ajoutons que l'antique liturgie lyonnaise a pendant long-temps été en usage à Vienne, et que le quatrième évêque de cette église, qui, d'après Adon, serait saint Vère, vivait, selon Tillemont, vers l'an 314, ce qui permet d'affirmer qu'en l'an 177 Vienne n'avait pas d'évêque particulier.

Lyon a donc reçu le Christianisme d'Asie Mineure par des apôtres obscurs, commerçants attirés dans ses murs par leurs affaires et qui ont fait peu à peu connaître à ses

païenne. Les mots *pia* et *impia* désignent toujours dans les inscriptions tumulaires la gratitude et l'ingratitude envers les parents, la patrie, etc. Cette inscription date de la fin du second ou du commencement du troisième siècle.

habitants les enseignements de l'Évangile. C'est dans le courant du second siècle que ces premiers essais d'évangélisation ont eu lieu, tentatives ignorées du monde, et couronnées de succès bien modestes sans aucun doute; mais la persévérance de ceux qui les avaient entrepris parviendra à triompher des obstacles le jour où la communauté naissante aura un chef pour la diriger et pour lui donner le baptême et la consécration du martyre.

CHAPITRE II

Les chrétiens de Lugdunum en l'an 177.

Il existait une communauté chrétienne à Lugdunum, lorsqu'arriva dans cette cité le fidèle soldat de Christ qui devait être le premier chef[1] et le glorieux martyr de la nouvelle Église. La tradition veut que l'évêque de Smyrne, Polycarpe, déférant aux prières des chrétiens de la grande ville gallo-romaine, l'ait officiellement envoyé prêcher la foi dans les Gaules, et que le pape Anicet ait solennellement confirmé cette mission. L'humble apôtre, quittant les rivages de l'Asie Mineure pour la vallée du Rhône, n'avait pas besoin, pour accomplir son œuvre, de ces consécrations pompeuses dont les âges postérieurs se plaisent à entourer une vie de dévouement à une sainte cause ; l'ardeur de son zèle religieux devait seule soutenir son courage et faire triompher ses efforts.

Ce fut vers le milieu du second siècle de notre ère que Pothin vint à Lugdunum. S'il n'était pas disciple de l'apôtre Jean, comme le dit la légende qui lui donne l'âge de quatorze ans à la mort du disciple bien-aimé, il appartenait du moins à cette forte génération chrétienne, nourrie

[1] Grégoire de Tours, *Hist. franc.* I, 27.

des souvenirs apostoliques, et connaissait, selon toute pro-
babilité, son illustre contemporain et compatriote Polycarpe. La communauté chrétienne de Lugdunum reçut
avec bonheur ce nouveau frère, venu d'une patrie qui était
chère à la plupart d'entre eux et qui avait eu la gloire et
le privilège d'être parcourue par les apôtres de Jésus. Les
premiers chrétiens de la métropole civile des Gaules devaient bientôt saluer en ce missionnaire obscur l'homme
destiné à mettre au grand jour cette foi tenue cachée jusqu'alors par ses timides représentants, et c'est peut-être à
la joie qu'éprouvèrent les fidèles d'avoir enfin trouvé l'évêque qu'ils désiraient, que leur conducteur spirituel dut le
nom sous lequel l'histoire nous l'a fait connaître, et qui
nous le représente comme le chef désiré et aimé [1] qu'on a
attendu et qu'on possède.

Quelle fut l'œuvre du premier évêque de Lugdunum et
vers quels travaux dirigea-t-il son activité chrétienne? Les
documents authentiques nous font défaut pour déterminer
exactement dans quel sens se développa cette activité et
jusqu'où s'étendit ce besoin de propagande. Les récits tra-
ditionnels montrent Pothin érigeant, dès son arrivée, un
sanctuaire dans une île boisée au milieu des marécages
qui reliaient entre eux le Rhône et la Saône; il fallait encore vivre à l'écart, dérober aux yeux de la foule les cérémonies du culte et se réunir, pour adorer Dieu, en dehors
de la cité qui s'élevait majestueusement sur les pentes de
la colline de Fourvières. C'est dans ce sanctuaire bâti, à

---

[1] Ποθεινός signifie aimable, désirable. Les manuscrits offrent les
trois variantes suivantes de la transcription latine de ce nom : Po-
thinus, Photinus, Fotinus.

ce qu'on prétend, en l'an 152 sur l'emplacement du maî-
tre-autel de l'église actuelle de St-Nizier, que l'évêque dé-
posa, d'après la légende, l'image de la Vierge qu'il avait
apportée d'Orient. Ce premier lieu de culte devenant insuffisant, on se transporta plus tard dans une crypte située
près du cimetière gallo-romain, qui occupait la partie mé-
ridionale du plateau de Fourvières, et qu'on a cru retrouver
en 1625, en creusant les fondations du prieuré de St-Iré-
née. Si nous ignorons dans ses détails la mission remplie
par l'évêque Pothin, nous pouvons toutefois affirmer la
grandeur de ses résultats. Les progrès de la foi chrétienne
à Lugdunum nous sont attestés en effet par la persécution
qu'ils suscitèrent et qui nous a été retracée d'une manière
si frappante dans l'épître célèbre [1] qu'adressèrent à ce
sujet les fidèles des deux églises voisines et sœurs de Lyon
et de Vienne à leurs frères d'Asie Mineure et de Phrygie.

L'empire était alors entre les mains du stoïcien Marc-
Aurèle. Professant un profond mépris pour les martyrs
chrétiens, ce froid contemplateur des hommes et des choses donnait, dans sa sagesse hautaine, un libre cours aux
haines populaires, quand ces haines se soulevaient contre
ces insensés qui se drapaient dans leur humilité affectée et
qui se montraient joyeux d'affronter la mort pour l'amour
du crucifié. Sans les encourager ouvertement [2], il tolérait
les persécutions qui avaient, à ses yeux, le mérite d'abattre ces têtes rebelles au bon sens et incapables de com-

---

[1] L'épître est d'un auteur inconnu ; les écrivains catholiques
l'attribuent généralement à Irénée, mais les preuves manquent à
l'appui de cette thèse.
[2] Eusèbe, *Hist. eccl.* V, 1, p. 47.

prendre la véritable philosophie. Déjà sous son règne le sang des martyrs avait coulé en Orient : l'église de Smyrne avait expérimenté que le disciple n'est pas au-dessus du maître, et le vénérable Polycarpe avait été mis à mort en l'an 155 ou 156 à l'âge de quatre-vingt-six ans. Vingt-deux ans plus tard, les chrétiens de Lyon subis-saient à leur tour cette redoutable épreuve de la persécu-tion ; l'Asie Mineure, qui leur avait transmis l'Évangile leur avait aussi donné l'exemple du courage que peuvent enfanter les convictions religieuses.

> *Fausta Lugdunum civitas*
> *Dilata tot martyribus !*

s'écrie la liturgie de Lyon. Ces paroles enthousiastes pour-raient servir d'épigraphe au fragment d'Eusèbe[1] qui con-tient le récit de la mort douloureuse des premiers confes-seurs de la chrétienté gallo-romaine. Cette persécution, qu'Eusèbe place en l'an 177[2], est, d'après le témoignage de Sulpice Sévère, la première qui ait eu lieu dans la grande province romaine des Gaules. Ce fut le deux juin qu'elle commença, s'il faut en croire les martyrologes

---

[1] Eusèbe avait transcrit dans sa totalité l'épître des églises de Lyon et de Vienne dans sa *Collection des anciens martyrs* (*Hist. eccl.* V, 4) ; cet ouvrage est malheureusement perdu. Son histoire ecclésiastique ne contient que des fragments, très importants d'ail-leurs, de cette lettre.

[2] *Hist. eccl.* V, Prœmium, p. 1. Cette date a été l'objet d'une longue controverse, où l'intérêt apologétique était en jeu, entre épiscopaux et presbytériens au dix-septième siècle. On trouve l'his-toire de cette controverse dans l'ouvrage déjà cité de Donaldson (p. 251-255).

d'Adon, de Bède, d'Usuard, de Notker, etc.; mais cette ère de malheurs n'atteignit probablement son apogée qu'au mois d'août, à l'occasion des fêtes qu'on célébrait en Gaule à cette époque de l'année en l'honneur de Rome et d'Auguste. C'est pendant ces fêtes qu'avaient lieu les combats littéraires institués par Caligula et dans lesquels les vaincus devaient effacer avec la langue leurs mauvais vers ou leur mauvaise prose, s'ils ne préféraient pas un bain involontaire et obligatoire dans les eaux du Rhône.

La persécution fut terrible, quelque froid que soit le jugement qu'on porte sur la pieuse exaltation et le ton sans aucun doute exagéré mais sincère de la lettre aux églises d'Asie et de Phrygie. Avaient-ils tort, après tout, de se déclarer, au début de l'épître, incapables de décrire les péripéties du drame, ceux qui, pour avoir échappé au supplice, n'en avaient pas moins été contraints d'assister à la mort cruelle et ignominieuse de leurs amis, de leurs frères et de leur évêque? La persécution suivit une marche régulière et progressive. On commença par interdire aux chrétiens l'entrée des maisons, des bains et du forum [1] ; partout on les traquait. Mais cette proscription générale n'était que le prélude de la sanglante tragédie. On se saisit alors des principaux d'entre eux, et la foule, d'autant plus aveugle dans ses haines qu'elle en comprend moins l'objet, se fit un devoir de les accabler d'injures et d'outrages de tout genre : on les frappait, on les lapidait, on les emprisonnait, mais rien ne pouvait les ébranler. La populace s'était jetée avec ardeur dans la lutte, que

[1] Eusèbe, *Hist. eccl.* V, 1, p. 5.

quelque intolérant de bas étage avait suscitée pour un motif insignifiant peut-être. On sait quelles circonstances futiles font naître les conflits de la rue, et, dans une période d'agitation et de révolution, il suffit de la moindre étincelle pour allumer d'effrayants brasiers. La constance des confesseurs ne fit qu'exciter les instincts brutaux de la masse : elle réclamait des meurtres, elle voulait des supplices, elle avait soif de sang et de sang cruellement répandu. L'autorité romaine lui accorda les spectacles qu'elle demandait à cor et à cri.

Traînées au forum par un tribun militaire et par les magistrats de la cité, les victimes de la fureur populaire subirent un interrogatoire public et professèrent hautement, en présence de la foule, leur foi chrétienne; puis on les mit au cachot, en attendant de les conduire auprès du gouverneur. Quel était le nom de ce gouverneur? On l'ignore : la liste des *legati* de la province lyonnaise est bien incomplète et les documents relatifs à la période des persécutions qui nous occupe font totalement défaut. Il est vrai que le P. Ménétrier, dans son histoire de l'Église de Lyon [1], affirme, d'après de prétendues inscriptions, que le gouverneur de Lugdunum, en 177, est Sextus Ligurius Marinus, de la tribu Galeria, et que le préfet du prétoire à la même époque s'appelle Lucius Priscus. Mais il ne reste aucune trace des inscriptions mises en avant par cet historien.

---

[1] Manuscrit 859 de la bibliothèque de Lyon. Il existe dans la même bibliothèque plusieurs autres ouvrages historiques manuscrits du même auteur. Le P. Ménétrier était jésuite et vivait au dix-septième siècle.

Quand les accusés comparurent devant le gouverneur, à la vue des traitements indignes qu'ils subissaient, un des assistants se leva pour prendre leur défense et pour les laver de l'accusation d'impiété qui pesait sur eux. Ce chaud défenseur était un chrétien du nom de Vettius Epagathus [1]. Mais aux cris de la foule, que cette démonstration inattendue exaspère, le courageux Vettius est saisi à son tour et va rejoindre ceux qu'on condamnait sans les avoir entendus.

Ces premières et douloureuses épreuves, et surtout cette rapidité barbare qui transformait si facilement en accusé l'avocat du moment précédent, produisirent une impression profonde sur les esprits de la communauté chrétienne, et, comme il fallait s'y attendre, une scission eut lieu. Ceux qui s'étaient dès longtemps préparés à la lutte et qui, en se disant chrétiens, savaient exactement tout ce que renfermait pareille déclaration, se sentirent fortifiés par ces souffrances et c'est avec un courage plus héroïque qu'ils songèrent à la lente agonie qu'on leur réservait. Quant à ceux qu'un enthousiasme fébrile et qu'un zèle mal équilibré avaient imprudemment compromis dans le procès intenté à la vérité chrétienne, on ne pouvait attendre d'eux qu'une hâtive rétractation et qu'un ardent désir de se faire pardonner leur folie et de rentrer à n'importe quel prix dans l'ordre religieux officiel. C'est ce que dix [2] d'entre les

---

[1] Grégoire de Tours parle (*Hist. franc.* I, 29), à propos de l'évangélisation de Bourges, d'un certain Leocadius, *l'un des premiers sénateurs des Gaules*, qui était de la famille de Vettius Epagathus. Ce dernier était de haute naissance.

[2] Eusèbe, *Hist. eccl.* V, 1, p. 11.

fidèles de Lugdunum n'hésitèrent pas à faire, au grand scandale de la communauté, plongée dans la stupeur par ces désertions et tremblant à la pensée de voir les apostasies augmenter en approchant du terme fatal.

Il fallait cependant respecter, ne fût-ce que dans sa forme extérieure, la législation impériale; il fallait des accusateurs, on avait besoin de témoins : on en trouva parmi les esclaves des chrétiens. Ces malheureux, placés en face de la torture et poussés soit par les menaces amicales, soit par les plaisanteries grossières de la soldatesque qui les surveillait, accusèrent leurs maîtres de se livrer à des repas de Thyeste et de renouveler les incestes d'Œdipe. Ces ignobles dépositions produisirent l'effet qu'on en attendait. Ceux qu'un esprit pondéré ou que les liens de la parenté avaient jusqu'alors fait hésiter, et qui avaient eu assez de sagesse pour ne pas encore prendre parti, cédèrent à une juste indignation et donnèrent libre cours aux sentiments de haine qu'ils avaient su contenir au début de la lutte.

Restait à faire avouer aux confesseurs les crimes dont on les chargeait : on leur appliqua la torture. L'histoire a conservé les noms de ces obscurs athlètes, faibles victimes sacrifiées à la furie populaire, qui donnèrent à leurs frères l'exemple d'une fermeté rare, qui devait arracher l'Église naissante à la tombe qu'on était en train de lui creuser. Ce fut d'abord contre un diacre de Vienne, Sanctus, qu'on employa la barbare et criminelle procédure; puis on s'en servit pour arracher quelques aveux compromettants à un simple néophyte, Maturus, justifiant par sa constance le nom qu'il portait, à l'une des colonnes de l'église, Attale

de Pergame, à une esclave, enfin, Blandine[1], qui, malgré
l'apparence délicate de sa santé, fatigua les bourreaux qui
se relevaient du matin jusqu'au soir pour la frapper et qui
s'avouèrent vaincus après avoir épuisé sur son corps en
lambeaux tous les genres de supplice. « Je suis chrétienne,
il n'y a point de mal parmi nous, » disait-elle à ses persécuteurs. N'était-ce pas le chant de la victoire qui éclatait
dans cette touchante profession de foi et dans cette défense
aussi sincère que simple dans son expression?

Quant à Sanctus, à toutes les questions qui lui étaient
adressées au milieu des tortures, il ne faisait que cette
unique réponse : je suis chrétien. Ce glorieux titre résu-
mait à ses yeux ses espérances les plus chères et ses convictions les plus précieuses; il était la source de sa constance dans le martyre. Quelle importance et quelle attention pouvait-il attacher aux choses de ce monde, quand
on appliquait sur son corps des lames d'airain incandes-
centes? Les bourreaux avaient abandonné presque mou-
rante cette masse humaine, défigurée et déformée par les
plaies; la vie, qui semblait s'en être séparée, fut assez
forte cependant pour la ranimer, et, quelques jours après,
quand ce corps meurtri et brisé eut repris quelque vigueur,
on le soumit à la torture une seconde fois, dans l'espoir de
le voir enfin vaincu par la douleur. Cette attente fut trom-
pée : le bourreau dut avouer encore son impuissance. Il y
avait dans cette nature vigoureuse des ressorts qu'on ne
pouvait pas briser, dans cette âme ardente un foyer qu'on

---

[1] Nous trouvons dans un fragment suspect d'Irénée (éd. Stieren,
XIII) une allusion au martyre de Sanctus et de Blandine.

ne pouvait pas éteindre et qui réchauffait sans cesse ce corps déjà glacé, dans ces muscles et dans ces nerfs une puissance de vie qui ressuscita plus forte que jamais de cette agonie prématurée, dans laquelle elle paraissait avoir disparu. Il semblait, comme le déclare le texte de l'épître, que cette seconde torture devenait un remède à la première : on cria presque au miracle. On ne vivait plus dans le monde de la réalité : les faits qui se déroulaient à la vue tenaient du prodige, les hommes qu'on avait devant soi étaient des héros à stature angélique.

Quel ne fut pas l'étonnement des confesseurs et de leurs accusateurs quand ils virent les apostats eux-mêmes renier leur apostasie, et Biblias sortir comme d'une profonde léthargie au milieu de ses souffrances qui venaient de la faire blasphémer contre les saints, et qui, maintenant, ne pouvaient lui arracher qu'une profession de foi chrétienne et qu'une héroïque défense de ses frères ? Ces changements subits d'opinion et de conduite ne sont pas chose rare dans ces périodes lugubres ; ces variations d'ailleurs sont moins brusques qu'elles ne semblent, les âmes étant dans un état d'hésitation perpétuelle en face de la foule qui vocifère, en présence du bûcher qu'on allume, devant le bourreau qui prépare le glaive, et en songeant à l'éternelle vérité qui est au-dessus des clameurs, du bûcher et du bourreau, et qui ne saurait être à la fois du côté du persécuteur et du côté de la victime. Dans ces sombres journées les consciences peuvent être facilement dévoyées ; elles peuvent aussi se ressaisir et redevenir droites presque subitement.

Les tortures en public ne donnaient pas les résultats qu'on espérait, le courage des confesseurs ne faiblissait pas. « On eut recours aux cachots obscurs, incommodes et malsains ; on serra les pieds des détenus dans des entraves et des blocs de bois percés de trous. Plusieurs périrent asphyxiés dans leur prison. Chose étrange au premier abord, mais qu'il est aisé après tout de comprendre, le séjour de la prison tuait les malheureux qu'on venait d'arrêter et d'y jeter ; la torture ne les avait pas préparés à ce régime. Le cachot respectait au contraire les corps couverts de plaies ; il réservait à ces débris humains animés d'un dernier souffle l'honneur d'une agonie publique et d'une mort au grand jour.

Vint le tour de Pothin. Celui que les chrétiens de Lugdunum avaient choisi pour leur évêque était alors un vieillard au corps débile, mais sous cette apparence de mort il y avait une âme trempée et remplie d'une vie intense ; cette âme veillait, elle se préparait à la lutte et au martyre. Lorsque le digne vieillard, que le dévouement des fidèles avait sans doute caché jusqu'alors aux recherches des inquisiteurs, fut traîné par les soldats devant le tribunal, au milieu des vociférations de la foule, ce fut avec le sentiment de la dignité dont il était revêtu, et avec l'autorité que lui donnaient ses quatre-vingt-dix ans passés, qu'il répondit fièrement au magistrat qui lui demandait quel était le Dieu des chrétiens : « Tu le sauras, si tu en es digne. » Cette réplique dédaigneuse se traduisit pour la foule en arrêt de mort : on se saisit du vieillard, on l'accabla de coups de pieds et de coups de poings, tout devenait une arme entre les mains de ces forcenés contre cette victime innocente, que son grand âge aurait dû soustraire à ces infâmes traitements. On crut venger les dieux en le lacérant. Pothin fut porté agonisant en prison : il y mourut deux jours après. On montre encore à l'hospice de l'Antiquaille, sur la colline de Fourvières, le cachot où la légende le fait expirer.

La mort de l'évêque ne fit que redoubler l'exaltation des prisonniers; les cerveaux entraient dans cette sorte de délire extatique qui enlève aux martyrs la conscience des maux qu'ils souffrent, qui leur fait prendre leurs chaînes pour des parures aussi belles que celles de l'épouse au jour de ses noces [1] et qui jette sur leur épouvantable sort une lueur de joie et de bonheur, mais d'une joie et d'un bonheur inconnus sur cette terre. En même temps l'opinion semblait revenir de ses premiers égarements. La foule, dont le bon sens n'est jamais complètement oblitéré, traitait de lâches et d'homicides les apostats de la première heure [2], qu'on tenait toujours enfermés pour mieux s'assurer de leur défection. Elle fit même dans une certaine mesure cause commune avec le fanatisme des persécutés : on parlait d'un parfum mystérieux que répandaient autour d'eux les confesseurs, qui lui donnaient le nom de parfum du Christ [3]. Les sceptiques criaient bien à la supercherie, mais pouvait-on croire à pareille puérilité mensongère de la part d'hommes voués à la mort ?

Les sentiments d'humanité qui paraissaient se faire jour dans la masse s'éteignirent à l'approche des supplices qui allaient mettre le comble à cette horrible tragédie. La férocité populaire se réveilla plus forte que jamais. Maturus

[1] Eusèbe, *Hist. eccl.* V, 1, p. 35.
[2] Ibid.
[3] Ibid.

et Sanctus les premiers servirent pendant tout un jour, dans l'amphithéâtre, de spectacle à la foule sanguinaire qui réclamait et imposait ses tortures préférées. Après les avoir battus de verges, on les livra aux bêtes ; mais avant que les bêtes féroces eussent achevé leur œuvre, on leur enleva leur proie et on soumit les victimes au supplice de la chaise de fer ardent, sur laquelle les corps se grillaient et d'où s'échappait une odeur nauséabonde de chair brûlée. Rien ne pouvant abattre leur courage ni arracher à leur bouche quelque parole de rétractation, on jugea bon d'abréger leur lente agonie en les égorgeant : les bourreaux avaient besoin de repos.

L'esclave Blandine fut attachée sur une croix, d'où ses ardentes prières soutenaient le courage des autres martyrs, qui tournaient vers elle leurs regards, comme s'ils avaient eu devant les yeux le Maître crucifié [1]. Les bêtes, repues par d'autres victimes, dédaignèrent cette faible créature ; on la détacha et on la reconduisit en prison, la réservant pour une autre occasion.

Cependant la foule commençait à se lasser de ces condamnés vulgaires, étrangers, affranchis ou esclaves. Elle réclama vivement un prisonnier plus illustre ; on lui amena Attale, qui entra dans l'amphithéâtre précédé d'un héraut qui portait sur un tableau l'inscription latine suivante : Voici le chrétien Attale ! Un frémissement de joie féroce anima la foule, mais l'espoir cruel d'un nouveau supplice fut de peu de durée : le gouverneur venait d'apprendre qu'Attale était citoyen romain. Le procès des chrétiens

---

[1] Eusèbe, *Hist. eccl.* V, 1, p. 41.

avait été si rapidement instruit qu'on avait oublié de remplir les formalités les plus élémentaires de la loi ; le gouverneur de Lugdunum, comme le tribun Lysias devant Paul à la tour Antonia, eut des remords de conscience, en tant qu'administrateur et justicier. Il fit ramener Attale dans son cachot, écrivit à Marc-Aurèle au sujet des prisonniers chrétiens et, avant de procéder à de nouvelles condamnations, attendit la réponse de l'empereur.

La constance des persécutés ne se démentit pas un seul instant pendant le répit qui venait de leur être accordé. On les entendait prier non seulement pour les frères dont la foi chancelait, mais aussi pour les bourreaux [1]. Quelques apostats même rentrèrent, par l'entremise des confesseurs, dans le sein de la communauté. Sur ces entrefaites arrivèrent les ordres de l'empereur : faire grâce aux apostats et mettre à mort les entêtés, telle était la substance de l'arrêt de Marc-Aurèle. On profita sans doute des brillantes fêtes du mois d'août, qui attiraient à Lugdunum un grand concours de populations, pour exécuter l'arrêt impérial. Le martyre des chrétiens devait cette fois éclipser les combats de gladiateurs.

On commença par faire le triage des victimes ; les citoyens romains furent condamnés à avoir la tête tranchée, le reste fut destiné à l'amphithéâtre et aux bêtes. Dans l'élite des confesseurs on remarqua un Phrygien du nom d'Alexandre, qui exerçait en Gaule depuis plusieurs années la profession de médecin ; il se tenait près du tribunal et encourageait par des signes les fidèles qu'on interrogeait

[1] Eusèbe, *Hist. eccl.* V, 2.

et qui rendaient témoignage à Dieu et à Christ. Quelques
mauvais plaisants, ses voisins, disaient, en le voyant s'agi-
ter ainsi, qu'il était pris des douleurs de l'enfantement[1]; il
y a toujours le mot pour rire dans les drames les plus tra-
giques. La foule, exaspérée de voir les confesseurs succéder aux confesseurs, quand elle s'attendait à voir grandir
le nombre des apostats, tourna contre ce Phrygien, qui
exposait si courageusement sa vie, sa colère et sa rage ;
c'était lui qui était cause de ce petit nombre de rétracta-
tions. Le mouvement populaire avait interrompu la séance ;
le magistrat qui présidait les débats saisit l'occasion qui
lui était offerte pour demander à Alexandre s'il était chrétien ; sur sa réponse affirmative, il le condamna sur-le-
champ à être livré aux bêtes.

Le lendemain, Alexandre parut dans l'amphithéâtre en
compagnie d'Attale ; le gouverneur méconnaissait la loi
pour faire plaisir à la populace. Alexandre ne proféra ni
plainte ni gémissement ; Attale, torturé sur le gril, disait
en latin à cette multitude qui avait parlé de repas de
Thyeste : « C'est ce que vous faites qu'on peut appeler
manger des êtres humains ; quant à nous, nous ne man-
geons pas nos semblables et nous ne commettons rien de
mal. » Comme on lui demandait ironiquement qu'il voulût
bien dire quel était le nom de Dieu, il se contenta de répondre que Dieu ne portait pas de nom comme les hommes. Un coup de glaive les acheva.

Le dernier jour des fêtes on vit paraître Blandine suivie
d'un enfant de quinze ans, Ponticus. On avait eu la bar-

[1] Eusèbe, *Hist. eccl.* V, 1, p. 49.

barie de les faire assister les jours précédents au supplice de leurs amis. Quand leur tour fut venu, on resta stupéfait en voyant le courage de cette femme et l'héroïsme de cet enfant. Blandine fut battue de verges, livrée aux bêtes, placée sur la chaise ardente, exposée dans un filet à la fureur d'un taureau; on lui donna le coup de grâce en l'égorgeant. Après avoir encouragé par ses paroles et son exemple ceux qui l'avaient précédée dans les souffrances et dans la tombe, elle succombait à son tour, dernier anneau de cette chaîne qui unissait la communauté à son Sauveur et qu'on venait de briser après les autres. Elle rappelait cette mère dont il est parlé dans le second livre des Maccabées, et qui subit le martyre après qu'Antiochus eut fait périr sous ses yeux, dans des tortures affreuses, ses sept enfants.

L'œuvre des bourreaux était terminée; ni l'âge, ni le sexe n'avaient pu fléchir cette foule au cœur de fer: elle avait voulu se persuader qu'

> Ainsi sont propres à la victoire
> Le vieillard et le petit enfant [1]!

Les cadavres des martyrs furent encore exposés aux outrages des persécuteurs. On jeta à la voirie les corps des fidèles morts en prison, et on les mit sous bonne garde nuit et jour, pour empêcher de les ensevelir. Des soldats veillaient également sur les débris informes laissés par les bêtes et par les flammes, et qu'on avait réunis en tas. La vue de ces tristes restes excitait la rage des uns et les rail-

---

[1] Sic apti sunt victoriæ
Senex, adolescentulus (*Liturgie lyonnaise*).

leries dés autres qui rendaient grâces à leurs divinités
d'avoir su si bien se venger. La masse toutefois était prise
de pitié et disait d'un ton sceptique : où est leur Dieu et à
quoi leur a servi leur religion à laquelle ils ont sacrifié leur
vie? Quant aux chrétiens, tous les efforts qu'ils firent pour
rendre aux cadavres des saints les honneurs de la sépulture
furent inutiles. Les soldats veillaient avec le plus grand soin,
ils étaient insensibles aux prières qu'on leur adressait, et,
ce qui est plus étonnant, incorruptibles.

Les corps restèrent exposés sur la voie publique pendant
six jours ; puis on les brûla et les cendres furent jetées dans
le Rhône. « Nous verrons bien maintenant s'ils vont ressusciter, disait-on, et si leur Dieu pourra les arracher de
nos mains. » Ce fut là toute l'oraison funèbre des martyrs
de Lugdunum.

Qu'ils durent être tristes pour la communauté chrétienne
de Lyon les jours qui suivirent ces lugubres scènes qui
venaient de lui ravir avec ses fidèles les plus zélés le vénérable évêque à qui elle devait sa première constitution !
Sans doute Dieu venait de les recevoir près de lui, et c'est
dans le sein du Père qu'ils les reverraient un jour; mais
quel vide autour d'eux à l'heure présente ! Plus de chef,
les liens de la communauté brisés, ses plus fervents représentants disparus, la ruine, la désolation, le découragement,
tel était le bilan de la situation des chrétiens de Lugdunum, après les journées d'août 177.

La légende seule a rendu les honneurs funèbres aux
cadavres jetés à la voirie. Grégoire de Tours[1] affirme que

[1] *De gloria martyrum* XLIX.

les martyrs apparurent à quelques chrétiens. Les flots du Rhône respectèrent même les cendres saintes qu'on y avait jetées; ils les déposèrent sur le rivage et les fidèles, qu'une vision divine avait avertis, vinrent les recueillir et les transportèrent dans la crypte où Pothin avait exercé son ministère. Sur cette crypte fut bâtie, à ce qu'on prétend, l'église dédiée aux Saints Apôtres et que remplaça plus tard l'église dédiée à Saint Nizier. On y conserva, assure-t-on, jusqu'au neuvième siècle les cendres des martyrs qui y firent naturellement de nombreux miracles. A l'apparition des martyrs aux fidèles de Lyon se rattache l'institution religieuse de la fête des Merveilles, qui fut établie en 1175, mais abolie au quinzième siècle, après avoir dégénéré en farce grotesque.

Il est impossible de déterminer exactement les divers lieux où se passèrent les événements rapportés dans la lettre des églises de Lyon et de Vienne. On a en effet retrouvé à Lyon les traces d'un théâtre dans le clos des Minimes, et celles d'un amphithéâtre au jardin des Plantes, les premières de ces ruines au pied de la colline de Fourvières, les secondes au pied de la colline de la Croix-Rousse à peu de distance du Rhône. Le texte d'Eusèbe parle d'un amphithéâtre. L'interrogatoire des martyrs a certainement eu lieu au forum, qui était situé, comme le nom l'indique, sur la colline de Fourvières (Forum vetus). Quant à l'emplacement sur lequel les chrétiens subirent le martyre[1], la tradition le croit situé près du magnifique temple de Rome

[1] Tillemont dans ses Mémoires (t. III, p. 25...) parle à ce propos d'un amphithéâtre à Fourviè. es. C'est une erreur : il n'y avait qu'un théâtre dans cette partie de la ville.

et d'Auguste, qu'on démolit plus tard pour le remplacer par une chapelle chrétienne, où pendant longtemps on allait en bateau baiser une relique qu'on appelait la pierre de Pothin[1]. L'église actuelle d'Ainay occupe cet emplacement et on peut voir le chœur de cette église soutenu par quatre colonnes provenant de l'ancien sanctuaire païen. Les combats d'éloquence qu'avait institués Caïus Caligula avaient lieu aux abords de ce temple. Le nom d'Athanacenses que Grégoire de Tours[2] donne aux martyrs de 177, semble confirmer la tradition. Il en est de même du texte d'Eusèbe, qui a soin de dire qu'on jeta les cadavres des martyrs dans le Rhône *qui coulait près de là*[3], c'est-à-dire près du lieu où ils avaient péri et où on avait brûlé leurs cadavres.

Le nombre des martyrs de l'an 177, d'après l'épître conservée par Eusèbe, paraît avoir été considérable, et ce que dit cet historien lui-même[4] sur le catalogue de ces martyrs, qu'il classe en décapités, jetés aux bêtes et morts en prison, sans parler des confesseurs qui échappèrent à la mort, ne fait que confirmer cette supposition. La lettre des églises de Lyon et de Vienne ne cite par leurs noms que dix d'entre eux, les principaux : Pothin, Sanctus, Maturus, Attale,

---

[1] Tillemont, *Mémoires*, t. III, p. 25.

[2] *De gloria martyrum* XLIX. Le nom d'Ainay, qu'on trouve encore écrit Ainai et Esnay (en latin Athanacum, Athanatum, Athanæum) a reçu diverses étymologies de valeur douteuse correspondant aux diverses orthographes du mot : ἀθάνατος par allusion aux martyrs immortels, Athénée et Athènes par allusion à l'institution de Caligula, ἱ ναόν en rappelant l'ancien temple païen.

[3] Eusèbe, *Hist. eccl.* V, 1, p. 62.

[4] *Hist. eccl.* V, 4.

Alexandre, Ponticus, Blandine, Alcibiade, Vettius Epagathus, Biblias. La tradition de l'église lyonnaise, étayée sur
les listes des martyrologes, élève à quarante-huit le nombre
des martyrs de 177[1]. Voici les noms de ces martyrs d'après
Adon[2]: Photinus, Zacharias presbyter, Epagatus, Maca-
rius, Alcibiades, Silvius, Primus, Ulpius, Vitalis, Cominus,
October, Philuminus, Geminus, Julia, Albina, Grata, Ro-
gata, Aemilia, Potamia, Pompeia, Rhodana, Biblis, Quar-
tia, Materna, Helpes quæ et Amnas,.... Sanctus, Maturus,
Attalus, Alexander, Ponticus, Blandina,.... Aristæus, Cor-
nelius, Zosimus, Titus, Julius, Zoticus, Apollonius, Gemi-
nianus, Julia, Ausonia, Aemilia, Jamnica, Pompeia, Domna,
Justa, Trophima, Antonia. Il est impossible de dire si le
catalogue d'Eusèbe portait les mêmes noms. Grégoire de
Tours déclare dans son *Histoire des Francs* qu'il y eut quarante-huit martyrs à Lugdunum, mais il ne donne pas leurs
noms. Le chapitre XLIX du *de gloria martyrum* donne
cette liste qui présente les divergences suivantes avec le
catalogue d'Adon: Comminius, October, Philominus, Pos-
thumiana, Rodone, Quarta, Elpenipsa Stamas, Arescius,
Zotimus, Gamnite, Mamilia, Trifime. Cette liste, que nous
empruntons à l'édition de Ruinart, mentionne deux personnages du nom de Fotinus. Théophile Raynaud dans son
Indiculus Sanctorum lugdunensium, paru à Lyon en 1629,

---

[1] Ce nombre est différent dans certains martyrologes; dans le
Ms. Ottobonien, par exemple, il ne s'élève qu'à quarante-six. Le
Kalendarium Vaticanum qui précède le Sacramentaire Grégorien
porte au 2 juin l'erreur suivante : Romæ natalis sanctorum Mar-
cellini et Petri. *Et sanctæ Martinæ*, cum aliis XLVII.

[2] Édition de Rome 1745.

ajoute aux noms précédents ceux de Marcel, de Valérien, deux martyrs dont nous reparlerons bientôt, de Minimie et d'Éléazar avec ses huit enfants. Il s'agit évidemment ici de cet Éléazar et de cette mère avec ses sept enfants, dont il est question dans le second livre des Maccabées. Quant au prêtre Zacharie, le second martyr de la liste d'Adon, ce prétendu confesseur n'est autre que le personnage biblique du même nom dont il est parlé dans le texte d'Eusèbe[1].

Sans attacher trop d'importance aux catalogues de Grégoire de Tours et d'Adon, nous remarquons toutefois que plusieurs des noms qui s'y trouvent sont symboliques et prouvent que l'usage d'échanger au baptême le nom qu'on avait porté jusqu'alors contre un nouveau nom, rappelant la sainte vocation qu'on venait d'embrasser, existait dans l'église de Lugdunum. Quant au nom de Rhodana, il ne s'applique pas à un personnage réel; nous croyons qu'il faut y voir la personnification des martyrs de la région du Rhône. La légende qui raconte que Rhodana donna sa maison pour recevoir les prisonniers chrétiens confirme cette assertion: il y avait à Lugdunum une prison qui conserva pendant longtemps le nom de Rhodana[2].

S'il faut en croire un document que nous avons cité dans notre introduction et auquel on assigne une respectable antiquité, la persécution de l'an 177 se serait prolongée, plus ou moins ouvertement, pendant huit mois encore, pour aboutir à un dernier épisode sanglant, relaté dans les Actes d'Alexandre et d'Épipode[3]. Ce document fixe le

---

[1] *Hist. eccl.* V, 1, p. 9-10.
[2] Raynaudus, op. cit., p. 353.
[3] Ruinart, *Acta sincera*, Parisiis 1689.

martyre de ces deux personnages à deux dates voisines :
Épipode aurait subi le premier le martyre le 22 avril 178 ;
Alexandre aurait été mis à mort deux jours après. Florus
et Adon joignent à Alexandre trente-quatre autres confesseurs. Le Martyrologium Gellonense réduit ce nombre à
trente-trois ; nos deux martyrs sont même absents de certains catalogues, par exemple du martyrologe en vers
attribué à Bède et qui date du IXme siècle. C'est à cette
seconde phase de la grande persécution de l'an 177 que la
tradition rattache encore les martyres de Marcellus à Tri-
norchium castrum (Tournus), de Valerianus à Cabillonum
(Châlon-sur-Saône), qu'on avait chassés de Lyon, de Benignus, Andochius et Symphorianus à Augustodunum (Autun) ; mais les actes de ces trois derniers martyrs ne sont
pas assez anciens, d'après Tillemont, pour faire autorité.

Quant à Épipode [1] et Alexandre, le récit de leur martyre en fait deux amis intimes, jeunes gens, le premier de
Lyon, le second Grec d'origine. Ils s'étaient, paraît-il, dé-
robés à la persécution et avaient échappé à toutes les recherches en se cachant au bourg de Pierre-Scize ou Pierre-
Encise, sur les rives de la Saône, près de la ville, chez
une veuve du nom de Lucia. Les persécuteurs, qui tenaient
sans doute vivement à se saisir d'eux, finirent par découvrir leur retraite grâce à la trahison d'un esclave. Épipode, en cherchant à fuir, perdit une de ses sandales, gar-
dée précieusement par Lucia et qui, au dire de Grégoire
de Tours, opéra plusieurs miracles.

Jetés en prison et conduits quelques jours après au tribunal du gouverneur, ils professèrent courageusement

---

[1] Orthographes latines diverses de ce nom : Ypipodius, Ypipodus,
Ephiphodius, Epepodus, Eppolidus.

leur qualité de chrétiens, ce qui amena sur les lèvres du magistrat romain cet aveu caractéristique, que devaient répéter tant d'inquisiteurs : « les supplices ont donc été inutiles? » On espéra vaincre les deux amis en les séparant et en les empêchant ainsi de s'exhorter mutuellement. Faisant ensuite comparaître seul Épipode, le plus jeune des deux prisonniers, le gouverneur fit appel à ses sens, à sa jeunesse, aux plaisirs qu'offre la vie dans ses premières années. « Voyons, lui disait-il paternellement, que ton entêtement ne soit pas cause de ta mort. Les dieux immortels que nous adorons sont l'objet de la vénération des peuples et des rois; nous les servons joyeusement, notre culte consiste en festins, en chansons, en divertissements et en plaisirs [1]. Vous, au contraire, vous adorez un crucifié, ennemi de la joie et des plaisirs, qui ne se plaît que dans les privations et les jeûnes, et qui n'a pas pu se sauver lui-même du supplice! Crois-moi, jouis des plaisirs de ce monde : c'est de ton âge! » A ces paroles, peu dignes d'un représentant de l'autorité, Épipode répond que Jésus, ce misérable crucifié, est ressuscité d'entre les morts, et que le chrétien, qui soumet son corps à son âme, ne saurait renier sa religion pour un culte aussi charnel, et il s'écrie : « *Vobis venter Deus est, et in morem pecudum!* » A ces mots, on lui brise les dents, et c'est la bouche ensanglantée que le martyr rend témoignage à Dieu, entre les mains duquel il remet son âme. On l'attache alors sur un chevalet et on lui laboure les flancs avec des ongles de fer. Mais le gouverneur, voyant que ce barbare spectacle excitait la populace, qui demandait qu'on lui abandonnât le malheureux, le fit décapiter à l'instant. Deux jours après vint le

---

[1] Lætitia, conviviis, cantionibus, ludis, et lascivia.

tour d'Alexandre, qu'on voulut faire abjurer en le battant de verges. « Tu es le dernier de tous ces chrétiens, lui disait le magistrat, profite de l'exemple des autres. » Mais Alexandre demeura inébranlable comme ses frères ; il périt crucifié.

La veuve Lucia passe pour avoir subi le martyre; en tout cas, elle dut être poursuivie pour avoir dérobé à la justice les deux coupables. Les corps des deux confesseurs furent enlevés par quelques chrétiens, qui les ensevelirent sur la colline de Fourvières, dans un endroit désert et boisé; au VIe siècle, on transporta leurs reliques dans la crypte de l'église dédiée à saint Jean l'apôtre. Le souvenir d'Épipode se conserva dans quelques édifices religieux qui lui empruntèrent leur nom. Il y eut au moyen âge, au bas du rocher de Pierre-Scize, une récluserie de Saint-Épipode ou Saint-Épipoi. Une crypte de Saint-Épipoi existait aussi dans l'Ile-Barbe, près de Lyon ; la légende en fait remonter la construction à l'an 215.

Ainsi finirent les persécutions de l'an 177. A cette période de perturbations incessantes et de terreurs perpétuelles pour la communauté chrétienne de Lugdunum allaient succéder de longues années de calme et de paix. Les persécutions allaient maintenant porter leurs fruits. L'orage passé, le sol renaît aux premiers rayons du soleil et puise une nouvelle force dans l'eau bienfaisante qui l'a détrempé. La communauté de Lugdunum, elle aussi, verra le sang et les cendres de ses martyrs fertiliser la terre qui en fut couverte ; l'héroïsme de ses confesseurs fera tomber les préjugés, et, sous la direction de son nouvel évêque, l'église deviendra forte et elle étendra sans cesse son empire sur les âmes.

CHAPITRE III

Irénée [1] ; l'homme.

L'église de Lugdunum entre dans une nouvelle phase sous la direction de son second évêque. Irénée [2], comme son prédécesseur, était originaire d'Asie Mineure, mais il est impossible d'affirmer que Smyrne soit sa patrie. Ce qui est certain c'est qu'il habitait l'Asie Mineure dans son enfance et dans sa jeunesse. Le nom qu'il porte et qui signifie « Pacifique » correspond assez exactement à la modération de caractère dont il fit toujours preuve ; on est tenté d'y voir un de ces surnoms que l'histoire se plaît à donner aux grands hommes dont le souvenir est resté profondément gravé dans l'esprit des générations passées.

L'incertitude qui plane sur le lieu de sa patrie s'étend aussi sur l'année de sa naissance. Nous savons par Jérôme [3] qu'il était dans la force de l'âge sous l'empereur Commode, qui régna de 180 à 193 ; mais cette date n'a rien de précis.

[1] Il existe en français une histoire de saint Irénée de l'abbé Prat (Lyon 1848), mais ce long et fastidieux ouvrage est sans valeur. Toutes nos citations d'Irénée sont faites d'après l'édition Stieren.

[2] Dans le Lyonnais, jusqu'à la fin du quinzième siècle, on l'appelle Irigny, nom qu'un village des environs de Lyon a conservé.

[3] Catalogus script. eccl. XXXV.

L'opinion commune place sa naissance en l'an 140 environ ;
Tillemont recule cette date de huit ans et fait naître Irénée en 132. On a cherché une date précise dans les écrits
d'Irénée, mais les passages invoqués n'offrent que des données vagues et ne fournissent qu'une base chancelante à
l'assertion de Dodwell [1], qui place la naissance d'Irénée
sous Trajan, en 98, à celle de Grabe [2] qui la place en
l'an 108, et à celle de Zahn [3] qui propose comme date de
cette naissance l'an 115.

Pour fixer d'une manière approximative la date de la
naissance d'Irénée, il faut prendre comme point de départ
l'année de la mort de Polycarpe. L'évêque de Smyrne subit le martyre à l'âge de quatre-vingt-six ans en 166, d'a-
près la tradition ; mais nous préférons adopter la date que
les travaux de Waddington, de Lipsius et d'Hilgenfeld nous
paraissent avoir établie [4], et qui assignent au martyre de
Polycarpe l'an 155 ou 156. Irénée, qui avait entendu Polycarpe dans son enfance (παῖς ὢν ἔτι, ἐν τῇ πρώτῃ ἡμῶν ἡλικίᾳ [5]),
en avait gardé un souvenir d'une exactitude étonnante,
comme il le raconte lui-même dans son épître à Florinus ;
cette précision de souvenirs nous fait penser qu'Irénée devait être alors âgé de quinze ans environ. Polycarpe était

---

[1] *Dissertationes in Irenæum*, Oxford 1689. Que conclure, en effet,
du mot γενεά (Stieren I, 803), de l'affirmation d'Irénée que l'Apocalypse a été révélée presque de son temps, en l'an 96, de ces mots
λαμπρῶς πράττοντα ἐν τῇ βασιλικῇ αὐλῇ (St. I, 822), etc. ?

[2] Stieren II, 82.

[3] Real, *Encyklopädie von Herzog und Plitt*. Leipzig, 1880, Heft
61-62, S. 135.

[4] Voyez sur ce sujet l'excellent article de Gebhardt dans la *Zeit-
schrift für die historische Theologie*, 1875, S. 355-895.

[5] Stieren I, 822, 433.

à cette époque, toujours d'après le témoignage d'Irénée, excessivement vieux (πάνυ γηραλέος), il devait donc avoir au moins quatre-vingts ans, puisqu'il est mort à l'âge de quatre-vingt-six ans. En adoptant comme base de notre calcul ces données un peu vagues, nous trouvons qu'Irénée, qui a entendu Polycarpe vers l'an 150, est né environ en 135.

Nous n'avons presque pas de renseignements sur l'enfance ni sur la jeunesse d'Irénée. Il naquit sans doute de parents chrétiens, car nous ne trouvons dans ses ouvrages aucune trace d'une de ces conversions de l'âge mûr, si fréquentes dans les premiers siècles de l'histoire du Christianisme, et dont nous avons de frappants exemples dans la biographie d'un Justin martyr, dans celles d'un Clément d'Alexandrie et de tant d'autres. A quinze ans nous le voyons auditeur assidu de Polycarpe ; les leçons qu'il en reçut demeurèrent profondément gravées dans sa mémoire, et, autant que nous pouvons en juger par les rares documents [1] qui font revivre à nos yeux la figure de l'évêque de Smyrne, et dans la mesure où nous pouvons reconstituer sa théologie [2], Irénée demeura son disciple. La tradition, qui joue le rôle de verre grossissant, en fait le véritable élève et le fidèle disciple de Polycarpe ; cette affirmation remonte au récit du martyre de l'évêque de Smyrne [3]. Le manuscrit

---

[1] L'épître de Polycarpe aux Philippiens et le récit de son martyre.

[2] Voyez une étude sérieuse de cette théologie dans Donaldson : *A critical history of christian literature and doctrine*, etc., London 1866. V. III, p. 157...

[3] Par. XXII.

de Moscou de ce récit raconte à ce propos la légende que
voici : Irénée, se trouvant à Rome à l'époque du martyre de
Polycarpe, entendit, à l'heure même où s'accomplissait à
Smyrne le douloureux sacrifice, une voix retentissante
comme une trompette et qui criait : « Polycarpe a rendu
témoignage ! » Grégoire de Tours [1] va jusqu'à affirmer que
ce fut Polycarpe qui envoya Irénée à Lugdunum, et la *Légende dorée*, poussant jusqu'à l'anachronisme, motive cet
envoi par la persécution de 177 et la mort de Pothin ; Jacques de Voragine oubliait ou ignorait que Polycarpe avait
subi le martyre bien avant son collègue de Lyon. Toutes
ces assertions traditionnelles sont nées de l'intérêt ecclésiastique qu'il y avait à rattacher étroitement l'évêque de
Lugdunum à Polycarpe, qui passait pour disciple de Jean
l'apôtre.

En réalité Irénée ne parle de Polycarpe que dans trois
fragments de ses œuvres. Le plus important se trouve dans
l'épître à Florinus ; nous en donnons la traduction, ce passage, que nous avons déjà cité, jetant quelque lumière sur
la jeunesse d'Irénée. « Lorsque j'étais encore enfant,
écrit-il à Florinus, je t'ai vu en Asie Mineure auprès de
Polycarpe, quand tu avais un poste brillant à la cour impériale et que tu t'efforçais de gagner les faveurs de l'évêque. Je me souviens mieux des faits de cette époque que
de ceux qui se passent à présent ; car ce que nous appre-
nons dans l'enfance croît avec l'âme et y pénètre profondément. Je pourrais même dire l'endroit où le bienheureux
Polycarpe était assis et où il enseignait, sa démarche et

---

[1] *Hist. franc.* I, 27.

ses mouvements quand il parlait, son genre de vie, son aspect, les discours qu'il adressait à la foule. Je pourrais répéter les rapports qu'il avait eus, comme il le disait, avec Jean et avec ceux qui avaient vu le Seigneur, de quelle manière il rappelait leurs paroles, ce qu'il avait appris de leur bouche sur le Seigneur, sur ses miracles et sur son enseignement, témoignages que Polycarpe avait recueillis de ceux-là mêmes qui avaient vu la Parole de Vie ; Polycarpe rapportait tout cela conformément aux Écritures. Voilà ce qu'à cette époque, par la grâce que Dieu m'accordait, j'étudiais avec soin et ce que je consignais non dans des livres, mais dans mon cœur, et c'est toujours d'une manière exacte, grâce à Dieu, que je rappelle ces souvenirs à mon esprit. » Dans le fragment de l'épître qu'Irénée adressait à l'évêque de Rome Victor, il est encore question de Polycarpe et du voyage qu'il fit à Rome à l'époque d'Anicet ; nous aurons l'occasion de reparler de ce passage. Enfin, dans le troisième livre du traité contre les Gnostiques, nous avons déjà vu qu'Irénée déclare avoir connu Polycarpe dans sa jeunesse ; il affirme à ce propos le glorieux martyre de l'évêque de Smyrne et mentionne son épître aux Philippiens.

Si ces quelques renseignements nous caractérisent d'une manière bien insuffisante Polycarpe, ils ne laissent pas de nous montrer l'impression profonde qu'en reçut Irénée, impression qui se manifeste dans toute sa vie, puisqu'il en appelle à l'autorité de Polycarpe contre l'évêque Victor, contre Florinus et contre les gnostiques [1]. Un fait digne

[1] Irénée, III, 3, p. 4.

de remarque, c'est que dans la vie de Jésus, lorsqu'il traite de l'âge du Christ [1], Irénée suit le quatrième évangile, On peut voir dans ce fait l'influence de Polycarpe ou des presbytres des temps apostoliques, cités à plusieurs reprises par notre auteur, qui se plaît à se rattacher étroitement à leurs témoignages [2]. Polycarpe a légué à son disciple l'amour de la règle traditionnelle, mais en même temps il lui a laissé le vif désir de maintenir la paix dans l'Église.

La tradition rattache encore Irénée à Papias, dont il serait le disciple d'après Jérôme [3]. Irénée a pu connaître l'évêque d'Hiérapolis, contemporain de Polycarpe et auditeur de l'apôtre Jean, mais cela ne prouve pas qu'il faille le considérer comme disciple de ce chrétien crédule qu'Irénée ne cite qu'une fois [4] et dont il nous fait involontairement un portrait peu flatteur.

Irénée reçut une brillante instruction, et les connaissances qu'il acquit, et dont nous retrouvons les traces nombreuses dans ses ouvrages, sont étendues et variées. Son instruction ne se borne pas aux livres sacrés qu'il connaît à fond ; l'ecclésiastique sait la littérature profane, et, comme il est grec, c'est la littérature classique de la Grèce qu'il a étudiée. Il cite souvent Homère, qu'il paraît avoir lu avec soin, témoin le centon qu'il extrait de ses œuvres [5]. Parmi les poètes grecs il cite encore Hésiode, Tisias Stési-

---

[1] Ir. II, 22, p. 5.

[2] Ir. II, 22, p. 5; IV, 26, p. 2-5; 27, p. 1; 31, p. 1; 32, p. 1; V, 33, p. 3.

[3] Epist. 53 ad Theodorum.

[4] V, 33, p. 3-4.

[5] I, 9, p. 4.

chore [1], Pindare, Antiphanes (*unus de veteribus comicis* [2])
l'auteur de l'Ἀφροδίτης γοναί. Il cite le comique Ménandre et
la fable d'Ésope, le chien lâchant la proie pour l'ombre [3].
Parmi les philosophes grecs il nomme Thalès, Pythagore,
Anaximandre, Anaxagore, Démocrite, Empédocle, Platon,
Aristote, Épicure, les Cyniques et les Stoïciens. Une obser-
vation importante à faire à propos de ces citations, c'est
qu'elles supposent chez notre auteur une véritable connaissance de ces écrivains, puisqu'il recherche dans leurs
écrits les germes et les principes du Gnosticisme. Quant
aux systèmes qui se rattachent à la Gnose, il possède à cet
égard une érudition très étendue, quelques reproches qu'on
puisse adresser à son exposition.

A ces connaissances générales et spéciales nous devons
ajouter qu'Irénée comprenait le latin et qu'il le parlait.
C'est ce qu'il déclare dans son introduction au premier
livre du traité contre les Gnostiques : « Tu ne viendras
pas me demander, à moi qui demeure parmi les Celtes et
qui me sers le plus souvent de leur langue barbare, l'art
de la parole... » Gibbon [4] et plusieurs auteurs ont vu dans
ce langage barbare la langue celtique. Mais cette hypothèse est inadmissible, car à l'époque d'Irénée on ne parlait que latin et grec dans la grande cité gallo-romaine.
Dans le procès des martyrs de 177, non seulement la procédure est faite en latin, mais chaque fois que les accusés

[1] I, 23, p. 2.
[2] II, 14, p. 1.
[3] II, 18, p. 5; 11, p. 1. Stieren a oublié ces deux noms dans son
Index.
[4] *The history of the decline and fall of the roman empire*, London,
1854, t. II, p. 38.

s'adressent à la foule, c'est en latin qu'ils s'expriment.
Nous reconnaissons d'ailleurs le Grec dans Irénée, lorsqu'il traite de barbare la langue latine. Quant à l'hébreu
il l'ignore d'une manière absolue [1], témoin par exemple
les ridicules étymologies prétendues hébraïques qu'il donne
des noms de Dieu dans l'Ancien Testament [2].

Quel était l'homme qui possédait ces connaissances
étendues, nous dirons même volontiers cette érudition?
Quel était le genre de son esprit? Quelles étaient ses capa-
cités intellectuelles, quels talents étaient les siens? Quel
caractère animait cette personnalité? Il nous paraît nécessaire de répondre en quelques mots à ces questions, avant
d'entrer dans la narration des faits que l'histoire nous a
conservés de la vie d'Irénée, événements dont l'exposé
complétera le portrait que nous voulons tracer de notre
héros. Nous serons bref, nous ne signalerons que les lignes
saillantes de cette figure, cette étude ne rentrant pas directement dans notre travail, mais formant plutôt un chapitre important d'une exposition générale de la théologie
d'Irénée.

On peut caractériser en deux mots la physionomie
d'Irénée : le premier renferme un blâme, le second ne
contient rien que de très élogieux. Irénée, et nous résu-
mons dans ces mots par anticipation sa vie et ses écrits,
est un esprit étroit mais doué d'un grand bon sens.

L'étroitesse d'esprit se manifeste chez lui par l'incapa-

[1] Et dire que Semler, pour combattre l'authenticité des ouvrages
d'Irénée, affirme qu'il avait une certaine connaissance de la langue
hébraïque !

[2] II, 35, p. 3. Voy. aussi I, 21, p. 3; II, 24, p. 2.

cité dans laquelle il se trouve de comprendre le Gnosticisme. Et pourtant il les connaît, ces systèmes gnostiques contre lesquels il accumule arguments sur arguments, qu'il combat au moyen des armes les plus variées, dans un long ouvrage, fruit de ses recherches et de ses méditations! Il n'a cependant pas saisi l'esprit de la Gnose, les éléments de vérité religieuse qu'elle contient passent inaperçus de son regard investigateur, la conception grandiose de l'immanence divine, qui est au fond de tous les systèmes gnostiques, lui échappe. Il ne voit dans le Gnosticisme qu'élucubrations plus absurdes les unes que les autres, qu'arbitraire incompréhensible, qu'enchevêtrement d'idées ridicules qui n'ont aucune raison d'être; il ne voit que cela et rien autre. Irénée ne comprend pas mieux le dualisme de Marcion qu'il réfute[1], comme d'autres pères de l'Église, en disant que, si l'on admet que l'univers soit le produit de deux principes opposés qui le dirigent, il n'y a aucune raison qui oblige à limiter le nombre des divinités. Or cette objection porte précisément à faux dans ce cas, puisque le dualisme sait fort bien pour quelle raison il croit à l'existence de deux, et non pas d'un nombre plus ou moins grand de principes divins. On peut encore se demander si Irénée a saisi réellement la valeur interne et abstraite de la théorie du Logos; il s'est plutôt assimilé les conséquences pratiques et extérieures de cette théorie que l'idée philosophique qui est à sa base. Entendez aussi les jugements qu'il porte sur la philosophie grecque, sur ces hommes « qui ignorent Dieu et qu'on appelle philoso-

---

[1] II, 1, p. 4.

phes[1]. » On reconnaît l'orthodoxe à l'étroit cerveau, quand Irénée déclare que, si les philosophes païens ont connu la vérité, la venue de Jésus-Christ a été inutile[2] ; on découvre enfin le conservateur religieux qui se laisse facilement effaroucher dans ces mots de Polycarpe, qu'il répète à l'hérétique Florinus : « Grand Dieu, dans quels temps m'as-tu permis de vivre! »

Cette étroitesse d'esprit a pour première conséquence de fausser ses appréciations, de le faire tomber dans de grandes exagérations et de lui faire porter des jugements passionnés. Tous les hérétiques, selon lui, sont coupables envers Dieu qu'ils méprisent ; ils refuseraient de ressusciter, pour n'avoir pas à reconnaître le pouvoir du Dieu qui leur rendrait la vie[3]. Les gnostiques sont des insensés, des orgueilleux, qui se prétendent plus sages et plus grands que Dieu ; ce sont des fous, des menteurs, d'admirables sophistes dont on doit avoir pitié; ce sont des blasphémateurs, des loups déguisés en brebis, des gens immoraux, etc. Il est inutile de citer ; les expressions de ce genre fourmillent dans les ouvrages d'Irénée.

De cette étroitesse d'esprit résultent des jugements sans valeur et des plaisanteries de mauvais goût, dont voici un exemple : si tout est sorti de Bythos, du néant qui n'est rien, Valentin et ses sectateurs ne sont rien eux-mêmes[4]. De là des argumentations ridicules pour expliquer, par exemple, pourquoi il n'y a que quatre évangiles[5]; de là

[1] II, 14, p. 2, etc.
[2] II, 14, p. 7.
[3] I, 22, p. 1.
[4] II, 4, p. 1.
[5] III, 11, p. 8.

une étrange assurance à déclarer audacieuse et téméraire l'exégèse qu'il repousse [1], quand sa propre herméneutique n'est pas à l'abri de tout reproche; de là une crédulité étonnante qui va, non seulement jusqu'à accepter la légende de la Septante [2] et la fable de Papias sur la vigne aux dix mille sarments [3], mais jusqu'à affirmer des miracles contemporains, même des résurrections, dont il n'a pas été témoin [4]. De là une grande timidité, le vieil argument sans cesse répété de la nouveauté des hérésies [5]; de là une aversion instinctive pour la spéculation d'autrui, bien qu'il lui arrive plus d'une fois de tomber dans ce piège où il prétend prendre ses adversaires; de là le désir d'écarter *à priori* certaines questions [6]. De là encore le matérialisme qui caractérise plusieurs de ses conceptions : celle de l'ascension corporelle de Jésus [7], celle de la création de l'homme tiré du limon de la terre dans le sens le plus littéral [8], et celle de la résurrection corporelle [9]. De là la façon réaliste dont il réfute les poétiques légendes d'Achamoth, dont les larmes forment les fleuves de la terre, et le sourire la lumière [10]. De là enfin son attachement à l'autorité et à la tradition; nous aurons l'occasion de revenir sur ce dernier point.

[1] III, 21, p. 1, etc.
[2] III, 21.
[3] V, 33.
[4] II, 32, p. 4.
[5] III, 4, p. 3, etc.
[6] II, 26-28, p. 3, 6-7.
[7] I, 10, p. 1.
[8] I, 9, p. 3.
[9] V, 13.
[10] II, 10, p. 3.

On tracerait un portrait faux d'Irénée si l'on se bornait
à considérer la face de son esprit et de sa nature que nous
venons de mettre à nu. A cette ombre correspond une
lumière, à cette étroitesse d'esprit remédie un bon sens
remarquable, qui en est l'heureux contrepoids; c'est à
dessein que nous employons ce mot de bon sens, qu'on
trouvera peut-être déplacé ou vulgaire, mais qui nous paraît caractériser exactement cet esprit étranger aux grandes spéculations. Ce bon sens se manifeste à mainte reprise
dans son traité contre les gnostiques; nous en donnerons
quelques exemples frappants. Il faudrait citer en entier le
paragraphe où il applique à l'interprétation d'Homère
l'exégèse à versets détachés des Valentiniens[1], pour en
montrer le peu de valeur; ce passage est vraiment à lire.
Ailleurs il met fort bien en saillie le ridicule des prétentions du gnostique Marcus, qui commande à ses disciples
de prophétiser, donnant ainsi ses ordres au Saint-Esprit[2];
plus loin il remarque judicieusement que ce même Marcus,
après avoir déclaré inaccessibles à la pensée humaine les
Éons suprêmes, s'empresse aussitôt de les décrire exactement[3]. Il fait preuve encore d'un bon sens, superficiel si
l'on veut, mais imperturbable, en résumant les systèmes
fondés sur la théorie du Bythos dans cette formule :
Bythos n'est rien et il est tout[4]! Enfin, quand il oppose à
l'hypothèse de la Métempsychose l'argument tiré de la
mémoire[5], ou bien lorsqu'il montre l'arbitraire des rai-

[1] I, 9, p. 4.
[2] I, 13, p. 4.
[3] I, 15, p. 5.
[4] II, 3.
[5] II, 33, p. 1.

sonnements que les gnostiques étayent sur des chiffres et
sur des lettres [1], ne prenant que ce qui leur plaît dans cet
arsenal puéril et laissant de côté tout ce qui pourrait renverser leur fragile échafaudage, Irénée fait briller la sagesse et la sagacité de son esprit.

Ce qu'il y a de frappant et de remarquable dans l'argu-
mentation et la réfutation d'Irénée, et les précédents exemples le prouvent, c'est la popularité des procédés qu'il emploie. S'il ne saisit pas les questions par leur grand côté,
il comprend fort bien pour le moins ce qu'elles peuvent offrir
d'intéressant aux masses. Aussi, en réfutant le Gnosticisme
comme il le fait, Irénée dut certainement obtenir et acquérir un grand ascendant sur la foule. On devait aimer sa
controverse populaire et friande de plaisanteries[2]; ses au-
diteurs et ses lecteurs devaient rire de bon cœur quand il
leur montrait ces gnostiques parlant de la création des
Éons avec autant d'assurance que s'ils avaient rempli l'of-
fice de sage-femme[3]; l'ironie qu'on trouve si souvent sous
sa plume et dont il abuse même[4] devait lui conquérir leurs
suffrages.

A ce bon sens, qualité maîtresse d'Irénée, se joint une
grande modération de caractère; il est de ceux qui
disent :

Medio tutissimus ibis!

C'est pour cela qu'il déclare que l'homme doit savoir igno-

---

[1] I, 15, p. 4, etc.
[2] I, 11, p. 5. II, 18, p. 1, etc.
[3] I, 12, p. 3.
[4] I, 4, p. 3-4; 11, p. 4, etc.

rer[1]; son anthropologie est libérale[2], elle nie les doctrines radicales du péché originel et de l'incapacité de l'homme à faire le bien. Mais nous verrons se manifester cette modération d'Irénée d'une manière bien autrement frappante dans le cours de sa vie. On se plaît enfin à signaler dans les ouvrages d'Irénée l'universalisme chrétien[3] et l'esprit évangélique[4], qu'on regrette de ne pas rencontrer plus fréquemment, mais qui ne sont point absents des pages de notre auteur.

En dépit de la modestie qu'il affecte de montrer et de l'indulgence qu'il réclame de ses lecteurs[5], Irénée possède un certain talent d'écrivain. Sans doute son exposition du Gnosticisme est parfois confuse; elle offre des répétitions inutiles, des longueurs; souvent l'ordre y fait défaut et l'intérêt languit. Cependant Irénée cherche à mettre dans ses écrits un certain arrangement; dans son traité contre les gnostiques il indique son plan à plusieurs reprises, il résume ce qu'il a dit et s'efforce de projeter quelque lumière sur le fouillis des systèmes gnostiques et l'amoncellement des arguments qu'il leur oppose. On sait quel soin il prenait de ses ouvrages et comme il recommandait aux copistes de reproduire fidèlement ses écrits[6]. Il faut enfin tenir compte de la difficulté du sujet qu'il traite, et qu'il souligne d'ailleurs lui-même[7]. Il y a un profond accent de conviction

[1] II, 28.
[2] IV, 38.
[3] IV, 22.
[4] II, 22, p. 4.
[5] I, p. 2.
[6] Stieren I, p. 821.
[7] I, 21, p. 1, etc.

dans sa façou d'écrire, il y a de la force et de la vie. Quant au style, s'il laisse plus d'une fois à désirer dans le choix des expressions et des comparaisons[1], il a du moins le mérite d'être clair, et la détestable traduction latine, remplie d'hellénismes, que nous possédons de son grand traité contre les hérésies gnostiques, nous fait vivement apprécier le peu de texte original qui nous en reste.

Les talents, les qualités et peut-être plus encore les défauts d'Irénée lui ont valu une place de premier ordre dans l'estime de ses successeurs. Les éloges abondent sur sa personne dans Tertullien, Épiphane, Jérôme, Théodoret, etc.; il serait oiseux de les énumérer: le panégyrique est trop manifeste.

[1] I, 8, p. 1. II, 12, p. 4, etc.

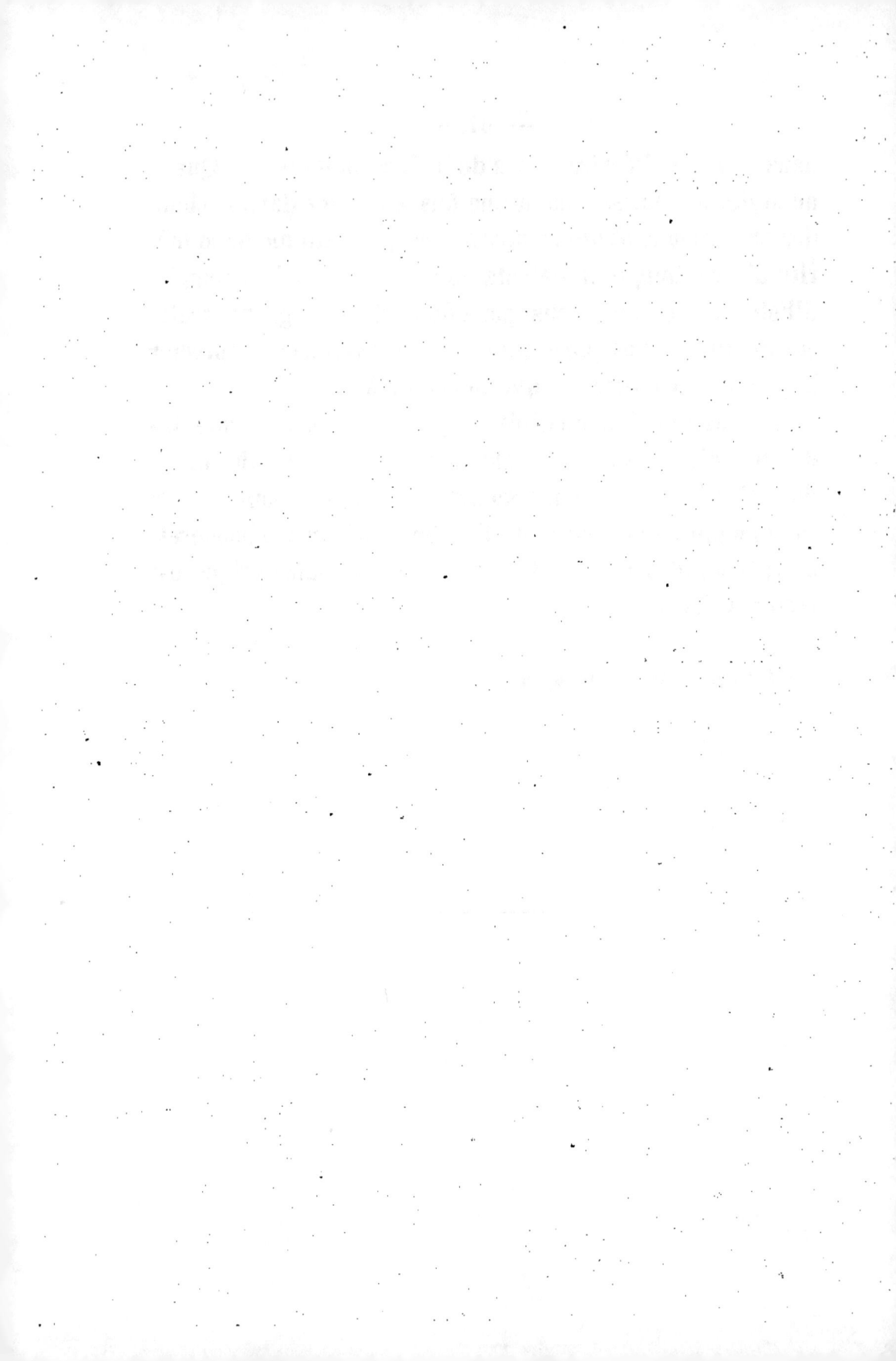

CHAPITRE IV

Irénée : l'évêque.

A quelle époque et dans quel lieu Irénée devint-il diacre et presbytre? Notre ignorance est absolue sur ce point; la tradition elle-même hésite. Elle lui fait conférer ces dignités tantôt par Polycarpe[1], tantôt par Pothin. Le passage de Jérôme[2] qu'on invoque pour établir cette dernière opinion ne donne aucune solution du problème. Désigner Irénée par l'épithète de *Pothini Episcopi presbyter* signifie simplement qu'Irénée exerçait les fonctions du sacerdoce sous la direction de Pothin, sans affirmer que l'ancien évêque de Lugdunum lui ait le premier confié la charge de presbytre.

En quelle année et à quelle occasion Irénée abandonna-t-il sa patrie pour venir se fixer en Gaule? Autre point obscur. Ce qui est certain, c'est qu'il est à Lugdunum à l'âge mûr; d'après la tradition, c'est Polycarpe qui l'envoie dans cette ville. Les nombreuses relations de l'Asie Mineure avec la Gaule et spécialement avec Lugdunum suffisent à expliquer le voyage d'Irénée et le choix qu'il fit d'une

---

[1] Grégoire de Tours, *Hist. franc.* I, 27. *Légende dorée*, etc.
[2] *Catalogus scriptorum eccl.* XXXV.

nouvelle patrie. Il y avait une œuvre d'évangélisation à accomplir à Lyon, les ouvriers manquaient peut-être à la tâche; quelques asiatiques de Lugdunum, pendant un de leurs voyages dans leur ancienne patrie, ou simplement par les relations épistolaires qu'ils entretenaient avec leurs anciens compatriotes, exposèrent la situation précaire de leur communauté religieuse, s'enquirent des hommes de bonne volonté prêts à quitter le sol natal pour assumer au loin la responsabilité du ministère évangélique, et obtinrent de cette façon un aide et un suffragant de leur évêque moribond. Que Pothin ait officiellement demandé un missionnaire dévoué à Polycarpe et que Polycarpe ait accédé à ses désirs en lui envoyant Irénée, la chose est possible, mais elle n'est pas prouvée. Qu'Irénée soit venu dans la Lyonnaise dans le but spécial d'y combattre le Gnosticisme, qu'il avait appris à connaître et à réfuter en Orient, cette hypothèse est encore admissible, mais il n'existe aucun document qui l'établisse. Enfin qu'Irénée ait accompagné Polycarpe auprès d'Anicet à Rome, et que ce soit de cette ville qu'il ait gagné la Gaule, il est encore loisible de le supposer, mais il est difficile de le démontrer, soit qu'on invoque la profonde connaissance que possède Irénée de la tradition ecclésiastique de Rome[1], connaissance qu'il a pu acquérir dans un autre voyage à Rome ou par suite de circonstances que nous ignorons, soit qu'on fasse appel au récit légendaire du martyre de Polycarpe dans le manuscrit de Moscou[2] qui nous montre Irénée à Rome lors du sup-

---

[1] III, 3. Frag. 3 (Stieren I, p. 824).
[2] XXII.

plice de l'évêque de Smyrne. Toutes ces hypothèses, dont
on ne peut nier le caractère de plausibilité, ne contredisent
pas d'ailleurs l'affirmation générale qui relie la venue
d'Irénée en Gaule aux fréquentes relations des habitants
de Lugdunum avec l'Asie Mineure.

Irénée exerça sans aucun doute pendant plusieurs années
les fonctions de presbytre à Lugdunum. C'est revêtu de
cette charge que nous le trouvons au début des persécutions de l'an 177[1]. Demeura-t-il à Lyon pendant toute la
durée des persécutions? Il est permis d'en douter; les
textes sont d'ailleurs insuffisants à trancher la question.
Il est vrai que l'épître polémique contre le Montanisme,
que les martyrs adressèrent aux églises d'Asie et de Phrygie, et dont Irénée dut porter une copie à l'évêque de
Rome Éleuthère, fut rédigée en prison (ἐν δεσμοῖς ἔτι ὑπάρ-
χοντες[2]), c'est-à-dire pendant la persécution; il est également vrai que dans cette épître Irénée est recommandé à
Éleuthère[3] par les confesseurs eux-mêmes, ce qui prouve-
rait qu'Irénée a quitté Lyon avant leur martyre. Mais le
texte d'Eusèbe[4] montre que les fidèles de Lugdunum firent
des additions à cette lettre, après le martyre des confesseurs qui l'avaient écrite. Quant à Jérôme, il semble dire
qu'Irénée fut envoyé à Rome avant le martyre de Pothin[5],

---

[1] Eusèbe, *Hist. eccl.* V, 4.
[2] Idem, V, 3.
[3] Idem, V, 4.
[4] Idem, V, 3, p. 4.
[5] « ..... Romam missus, honorificas super nomine suo ad Eleu-
therium episcopum perfert litteras. Postea jam Pothino prope
nonagenario, ob Christum martyrio coronato, in locum ejus substi-
tuitur. » (*Catalogus script. eccl.* XXXV).

mais la mention de la mort de cet évêque après le mot
postea n'est en réalité, dans la phrase, qu'une parenthèse
sans portée chronologique. Quelques auteurs[1] enfin ont
prétendu qu'Irénée porta les deux exemplaires de cette
lettre circulaire et que, par conséquent, il revit sa patrie
cette même année; c'est une hypothèse gratuite.

Quel rôle Irénée joua-t-il pendant la persécution? Il
s'acquitta certainement en fidèle pasteur du pénible ministère qui lui incombait dans ces circonstances difficiles; les
chauds éloges qui le recommandent à Éleuthère, le seul
fait de lui avoir confié cette mission à Rome, au retour de
laquelle il fut proclamé évêque, nous permettent de le supposer. Toutefois ce rôle fut modeste et effacé, car nous n'en
trouvons de trace nulle part dans les documents originaux.
Peut-être dérobait-on aux recherches des persécuteurs celui
que ses talents et ses vertus désignaient à la succession de
Pothin, ou pour le moins lui défendait-on de se compro-
mettre; il valait mieux se réserver ce futur restaurateur
de la communauté écrasée par la persécution que de le
sacrifier, lui aussi, à la fureur populaire.

Après son élection par le troupeau à la dignité d'évêque
en l'an 178, Irénée déploya une activité infatigable dans le
nouveau poste qu'il occupait. Les rares renseignements
que nous avons sur sa vie nous le montrent mêlé aux débats
suscités par le Montanisme, par la controverse pascale et
par le Gnosticisme; c'est dire qu'il s'occupa de toutes les
grandes questions agitées de son temps. C'est le propre
des hommes éminents de prendre part à toutes les luttes

[1] Feuardent (*Stieren* II, p. 27), Halloix.

issues, de leur vivant, du conflit des opinions et des croyances.

Le voyage d'Irénée auprès de l'évêque de Rome, Éleuthère, auquel nous avons déjà fait allusion, eut précisément pour but de faire cesser les divisions que le Montanisme avait créées au sein des églises de Lugdunum et de Vienne. Les orientaux de ces églises jugèrent utile de mettre au courant de ces dissensions leurs frères d'Asie, où les églises étaient atteintes du même mal, dont elles souffraient bien plus encore; on a même supposé que c'est sur la demande de ces églises que les fidèles de Lugdunum adressèrent aux communautés d'Asie et de Phrygie l'épître dont Eusèbe nous a conservé des fragments. Le résultat des démarches d'Irénée auprès d'Éleuthère nous est inconnu, mais l'apaisement désiré fut certainement obtenu. Nous reviendrons d'ailleurs sur cet intéressant article dans le chapitre suivant.

Quelques années plus tard, en l'an 190, Irénée prit part, en sa qualité d'évêque, aux débats soulevés par la fixation du jour de la fête de Pâque. Les renseignements que nous possédons sur cette période de la vie d'Irénée sont encore peu nombreux, mais ils nous donnent un aperçu de la position nette et caractéristique que prit Irénée dans cette controverse.

Sur cette importante question du jour où l'on devait célébrer la Pâque, la chrétienté était divisée en deux camps principaux; les évêques d'Asie Mineure, flétris du nom de quartodécimans, étaient en désaccord avec l'évêque de Rome, parce qu'ils fêtaient la Pâque le quatorze Nisan, à la manière juive, tandis que Rome et les églises d'Occident fixaient la fête au dimanche qui suivait cette date. Un premier conflit avait eu lieu entre Polycarpe et l'évêque de Rome Anicet, mais l'amour de la paix avait empêché la lutte d'éclater, et Irénée nous raconte que les deux évêques se quittèrent amicalement, conservant chacun leur opinion personnelle. Plus tard, vers 170, un nouveau conflit surgit à Laodicée au sujet de la Pâque, et c'est à ce propos que Méliton de Sardes écrivit un traité en faveur des quartodécimans, tandis que Clément d'Alexandrie et Apollinaire, évêque de Hiérapolis, prirent la plume pour défendre l'opinion contraire. Quelques années après, vers 180-190, l'usage quartodéciman fut introduit à Rome par Blastus. C'est à ce moment-là qu'Irénée se lance dans la lutte en écrivant contre Blastus son traité « sur le Schisme. » Cet ouvrage est perdu ; nous n'en connaissons que le titre que Jérôme nous a conservé. Irénée joua un rôle bien plus important dans la controverse, lorsque l'évêque Victor, en 190, voulut excommunier les évêques quartodécimans, à la tête desquels était Polycrate d'Éphèse. Il écrivit à Victor une lettre dont nous possédons un fragment et dans laquelle, traitant d'égal à égal, il rappelle au violent évêque romain la modération de ses propres prédécesseurs, entre autres celle d'Anicet à l'égard de Polycarpe. La fermeté du ton d'Irénée et l'évidence des faits qu'il alléguait déterminèrent son collègue de Rome à retirer son excommunication.

La conduite d'Irénée dans cette controverse nous dépeint d'une manière exacte le caractère de l'évêque de Lugdunum. Fidèle au nom qu'il porte, c'est la paix qu'il veut maintenir dans l'Église, mais il veut la maintenir en de-

meurant dans l'orthodoxie traditionnelle. De là les posi-
tions en apparence contradictoires qu'il prend successive-
ment dans la controverse pascale. Dans le cours de ces débats, il ne juge pas la question en elle-même ; ce n'est
pas à dire qu'il n'ait pris parti dans la discussion : il est de
l'école de Rome, ne l'oublions pas. Mais il ne se prononce
d'une manière catégorique et il ne tranche que sur la
question ecclésiastique ; l'unité de l'Église, la paix et
l'union nécessaires à son extension et au maintien de son
autorité, voilà ce qui le préoccupe. Il faut maintenir cette
unité et cette paix, non pas au prix d'une intolérance absolue, c'est-à-dire en excluant même les dissidences insignifiantes, mais en tolérant les opinions particulières
quand ces opinions ne renversent pas l'édifice même de la
foi, et à la condition qu'elles ne se manifestent pas dans
une seule et même église. En d'autres termes, Irénée,
esprit étroit, admet une différence d'opinion entre l'Orient
et l'Occident sur le jour de la Pâque ; il ne tolère pas deux
avis opposés à cet égard dans l'église de Rome. Les allures pacifiques de son caractère lui font prendre le parti de
la modération contre Victor, mais les aspirations cléricales
et traditionalistes de son esprit ne lui permettent pas de
souffrir à Rome la dissidence de Blastus.

A cette antique époque de l'Église chrétienne, en face
de la prépondérance que s'arroge déjà l'évêque de Rome,
auquel on va soumettre la querelle montaniste de Lugdunum, et dont l'opinion sur le jour de la Pâque fait loi en
Occident, il est curieux d'entendre s'élever une voix d'évêque gallo-romain parlant d'un ton à la fois autoritaire et
fraternel à son collègue et pair de Rome. Cependant ce

ton autoritaire même est un indice non équivoque des changements qui vont bientôt survenir dans les rapports épiscopaux entre Rome et les autres villes de l'Occident ; Irénée parle haut et ferme, parce qu'il est lui-même une autorité. Quand il sera mort, nous trouverons chez ses successeurs de tout autres allures, beaucoup de condescendance pour l'évêque de Rome, et cette condescendance ne sera que la transition qui doit fatalement conduire à la recherche de la protection épiscopale romaine et au servilisme des évêques sous la papauté.

C'est avec le même accent d'autorité qu'Irénée, privant alors sa voix de toute note fraternelle, en vient aux prises avec le Gnosticisme. On peut bien dire que, dans cette lutte, Irénée a singulièrement mis à profit, non seulement ses talents, mais encore les qualités de ses défauts. L'étroitesse de son esprit, son peu d'aptitude à la haute spéculation, son aversion instinctive pour la philosophie lui ont permis de ne pas s'arrêter à ce qu'il aurait considéré comme les bagatelles de la porte, mais d'aller droit au cœur de la place ; grâce à elles il lui a été possible de ne pas rendre justice au Gnosticisme et de méconnaître la part de vérité, si minime qu'on veuille la faire, contenue dans ces systèmes philosophiques, mais il a pu frapper comme un sourd sur ses adversaires. Ces coups d'assommoir, d'ailleurs, produisent sur la foule une impression bien plus efficace que des attaques réellement fortes mais exemptes de passion, ou que des critiques puissantes mais permettant de faire des concessions équitables, et affirmant que le respect est dû aux opinions qu'on ne partage pas, quelles qu'elles soient ; c'est du moins ce qui a lieu

lorsqu'il s'agit d'une population ignorante et d'un audi-
toire grossier, comme c'est ici le cas.

En réalité Irénée ne se trompait pas en accablant de ses
coups le Gnosticisme qui avait envahi la vallée du Rhône.
On peut lui reprocher son intolérance, son étroitesse d'esprit, sa partialité dans la discussion, on peut taxer de pré-
conçu le jugement avec lequel il aborde l'examen de la
philosophie valentinienne ; on ne peut nier qu'il ait vu clair
dans le débat, qu'il ait parfaitement compris le but de la
guerre à déclarer au Gnosticisme, et qu'il ait dirigé la cam-
pagne en général, parfois brutal, mais toujours habile et
infatigable. Irénée, fermement attaché à la tradition et
fanatique de l'unité de l'Église, a vu dans le Gnosticisme
le démembrement et la ruine de cette Église ; son regard a
été pénétrant et toute étude des systèmes gnostiques confirme la sûreté de ce jugement.

C'est à la lutte d'Irénée contre le Gnosticisme que se
rattache la légende d'un prétendu concile de douze évêques
qu'il aurait réuni à Lugdunum et qui aurait condamné
Valentin, Marcion, etc. Cette tradition ne remonte guère
qu'au neuvième siècle, à supposer que le Synodique qui la
relate ait été recueilli à cette époque. Sirmond [1] ne mentionne que pour mémoire cette tradition d'autant plus in-
certaine qu'on se demande comment il pouvait y avoir
alors en Gaule douze évêques et même treize, puisque la
légende imagine un autre concile tenu par Irénée et douze
de ses collègues au sujet de la controverse pascale. C'est à
propos de ce dernier concile que le P. Hardouin [2] traite de

[1] *Concilia antiqua Galliæ*, Lutetiæ Parisiorum 1629, t. I, p. 452.
[2] *Conciliorum collectio regia maxima*, Parisiis 1715, t. I.

lettre synodale l'épître qu'Irénée adressa à Victor et dont Eusèbe nous a conservé un fragment. La distinction établie par Eusèbe entre les *évêques* du Pont et les *paroisses* (παροικιῶν [1]) de la Gaule met à néant l'hypothèse d'un concile ; aussi sommes-nous étonné de voir Ziegler.[2] maintenir cette tradition. Il ne peut être question à cette époque et à Lugdunum que de conseils presbytéraux présidés par l'évêque.

Irénée écrivit un ouvrage de longue haleine contre les hérésies gnostiques. Il a pour titre :

ΕΛΕΓΧΟΥ ΚΑΙ ΑΝΑΤΡΟΠΗΣ ΤΗΣ ΨΕΥΔΩΝΥΜΟΥ ΓΝΩΣΕΩΣ ΒΙΒΛΙΑ ΠΕΝΤΕ.

Notre auteur dut consacrer un long espace de temps à la composition et à la rédaction de cet ouvrage. Il fut achevé très probablement à la fin de l'épiscopat d'Éleuthère, qui mourut en 189. Irénée parle en effet d'Éleuthère comme occupant alors le siège épiscopal romain [3]; plus loin il mentionne les successeurs de Polycarpe [4] ; il parle aussi de Tatien et des Encratites [5] qui parurent en 172 ; il connaît enfin la version de l'Ancien Testament composée par Théodotion [6] en 184. A cette œuvre capitale et que nous possédons à peu près entièrement, non dans le texte original dont nous n'avons qu'une faible portion, mais dans une traduc-

[1] *Hist. eccl.* V, 23.
[2] Irenæus, *Der Bischof von Lyon*, Berlin 1871, S. 27.
[3] III, 3, p. 3.
[4] III, 3, p. 4.
[5] I, 28, p. 1.
[6] III, 21, p. 1.

tion latine, il faut ajouter les ouvrages suivants, qui sont perdus, mais qui traitaient le même sujet : une épître à Florinus sur la « Monarchie, » dans laquelle Irénée démontrait que Dieu n'est pas l'auteur du mal, et un traité sur « l'Ogdoade, » que Jérôme qualifie d'*egregium commentarium*. Il nous reste un fragment de chacun de ces deux ouvrages. Irénée a encore écrit un court traité contre les Païens, un livre sur la Discipline, une épître à Martianus sur la prédication apostolique, une lettre à l'évêque de Rome Victor, un traité sur le « Schisme » contre Blastus, deux ouvrages dont nous avons parlé plus haut, un recueil de traités variés que Jérôme ne nomme point[1], enfin un livre sur « la Foi » (titre que nous a conservé Maximus), qui était adressé à un diacre de Vienne. De ces divers ouvrages il ne nous est parvenu que d'assez insignifiants fragments, mais cette liste permet de constater l'activité littéraire de l'évêque de Lugdunum, qui dut être assez féconde, à en juger par la longueur du seul de ses écrits que nous possédions dans sa presque totalité.

Quant à son activité pastorale, l'absence de documents précis laisse trop de latitude au panégyriste pour que nous songions un seul instant à la retracer. Contentons-nous de rappeler le fragment de l'épître des fidèles de Lugdunum à Éleuthère[2] qui atteste d'une manière éloquente le dévouement d'Irénée dans son œuvre missionnaire : « Nous te prions, écrivaient les confesseurs à l'évêque de Rome, de prendre Irénée sous ta protection, car c'est un frère plein de zèle pour l'évangile de Christ. S'il était nécessaire d'in-

[1] Il s'agirait, d'après Zahn (art. cit.), d'un recueil de sermons ou homélies.

[2] Eusèbe, *Hist. eccl.* V, 4.

voquer d'autres titres auprès de toi, nous te le recommanderions comme presbytre de notre église, car telle est sa qualité. » Mais le plus grand éloge qu'on puisse adresser au pasteur de Lugdunum est assurément d'avoir relevé l'église lyonnaise ruinée par les persécutions, de l'avoir rétablie et reconstituée et d'avoir ainsi préparé le glorieux avenir qui lui était réservé.

Faut-il s'étonner ensuite que la légende ait composé les plus brillantes variantes sur ce thème authentique ? Doit-on être surpris quand elle nous représente Irénée convertissant, comme d'un coup de baguette magique, non seulement Lugdunum, mais la Lyonnaise entière ? Ces hypothèses séduisantes sont contredites d'une manière absolue par les textes que nous avons cités dans notre premier chapitre et qui nous montrent combien les progrès du Christianisme ont été lents dans notre patrie. L'influence d'Irénée, qui paraît avoir été assez étendue de son vivant, ne lui a guère survécu ; la guerre civile qui exerça ses ravages dans Lugdunum, porta une grave atteinte à l'œuvre accomplie par Irénée, et ses successeurs eurent longtemps à travailler pour la rétablir dans sa prospérité première.

Les hommes qui ont été des personnalités marquantes à leur époque font en général peu d'élèves. L'histoire rattache pourtant, mais d'une manière bien vague, quelques disciples à Irénée. Hippolyte [1] et Caïus [2], l'ἐκκλησιαστικὸς ἀνήρ d'Eusèbe, sont disciples d'Irénée surtout par leur ten-

---

[1] D'après Photius.
[2] D'après le *Martyre de Polycarpe* XXII, si toutefois le Caïus mentionné dans ce récit est le même personnage que celui dont parle Eusèbe.

dance et par la communauté de leur polémique. Ils ont peut-être pu connaître Irénée à Rome, mais s'ils ont suivi l'enseignement de l'évêque de Lugdunum, c'est surtout dans ses écrits qu'ils l'ont puisé ; la qualité de disciple n'implique pas chez eux de rapports personnels avec le maître.

Enfin, s'il faut en croire la tradition, Irénée aurait envoyé à Valence le prêtre Felix et les diacres Fortunatus et Achileus, et à Besançon le prêtre Ferreolus et le diacre Ferrutio. On fête même le deux ou le trois avril la rencontre d'Irénée avec Andochius, Thyrsus et Benignus, prétendus missionnaires d'Autun, dans cette ville chez leur hôte Felix. Tous ces renseignements sont légendaires ; sans doute le zèle apostolique d'Irénée ne fut pas arrêté par l'enceinte même des murailles de Lugdunum, mais ce fut surtout dans cette ville qu'il déploya son activité missionnaire.

CHAPITRE V

L'église de Lugdunum; son caractère et ses tendances.

Nous n'avons pas à signaler dans l'histoire de l'église de Lugdunum, telle qu'elle existait à la fin du second siècle, les faits glorieux que les auteurs catholiques se plaisent à relever dans le cours de ses premières années : l'œuvre missionnaire qu'elle entreprit en Gaule, le rôle pacificateur qu'elle joua dans la chrétienté au sujet de la controverse pascale. Le premier de ces titres de gloire est trop légendaire pour attirer notre attention; quant au second, il appartient bien plus à l'évêque de Lugdunum qu'à l'église qu'il dirigeait, témoin les documents que nous avons cités dans le précédent chapitre.

En nous efforçant de donner la caractéristique de l'église de Lugdunum, sous l'épiscopat d'Irénée, nous n'avons pas non plus la prétention d'exposer soit la théologie d'Irénée, soit la théologie de l'épître des confesseurs de l'an 177; nous ferons dans ce double domaine les incursions que notre sujet rend obligatoires, mais il ne rentre pas dans le plan de ce travail de faire une étude spéciale de la dogmatique de ces diverses pièces originales. Le but du présent chapitre est de donner un aperçu de l'état gé-

néral de l'église de Lugdunum sous l'administration de
son grand évêque, de tracer un tableau succinct de ses
destinées extérieures et de son état intérieur à cette époque, et de mettre en saillie les principaux traits qui con-
stituent son originalité.

A l'extérieur, la situation de l'église lyonnaise est assez
précaire. Elle est perdue en pays païen; elle a peu d'influence, confinée qu'elle est dans les deux villes voisines
qui paraissent être des centres isolés de Christianisme en
Gaule. Jusqu'où s'étendit-elle en dehors des deux cités?
Il est impossible de le dire; il ne reste aucune trace certaine des travaux missionnaires qui ont pu être entrepris
loin de la métropole. On avait d'ailleurs bien assez affaire
d'implanter la religion chrétienne dans la cité même; les
difficultés locales étaient assez nombreuses pour paralyser
les efforts de la propagande au dehors. Le calme plat et la
période vide de faits qui succèdent, après la prise de Lugdunum par Septime Sévère en 197, à l'époque agitée de
l'épiscopat d'Irénée, représentée si florissante par la tradition, ainsi que les profondes ténèbres qui règnent sur
l'histoire de l'église de Lyon pendant le IIIme siècle, dé-
montrent péremptoirement que la communauté chrétienne
lugduno-viennoise, à la fin du second siècle, devait avoir
encore une situation modeste et difficile.

On comprend dès lors aisément ce fait, qu'exagèrent
sans doute les apologistes de l'influence romaine, du besoin qui pousse ces quelques centaines de chrétiens, perdus
dans la grande cité gallo-romaine, à rechercher un appui
extérieur, une défense et une protection au dehors : l'église
naissante se met en rapport avec l'évêque de Rome, Éleu-

thère, à l'occasion du Montanisme. Nous disons que ce fait est étrangement exagéré, quand on y voit une reconnaissance officielle de l'autorité et de la prééminence de l'église romaine, parce qu'il ne faut pas en oublier la contre-partie, nous voulons dire la leçon donnée par Irénée à son collègue, l'évêque de Rome, Victor.

Comment d'ailleurs pouvait-elle être forte à l'extérieur, cette église que de grands dangers menaçaient à l'intérieur? Quelles difficultés ne devait-elle pas rencontrer dans sa lutte contre le paganisme, quand le schisme était sur le point de la déchirer? Le Gnosticisme l'envahissait et plaçait la communauté chrétienne dans une situation si critique, qu'Irénée consacra un long ouvrage à réfuter les erreurs de cette doctrine. Il affirme lui-même à plusieurs reprises d'une manière très catégorique la grandeur du danger [1]; l'immoralité et la débauche étaient même les conséquences les plus évidentes de la propagande de Marcus [2]. Il y avait donc de grandes luttes à soutenir, de grands obstacles à renverser pour maintenir la foi chrétienne dans sa pureté, et pour prévenir une transformation de l'église qui n'eût été que sa dislocation et sa ruine absolues. Le moment n'était pas encore venu de s'éloigner de la métropole pour se répandre au dehors. Il y avait péril en la demeure; mais un homme était là qui veillait: l'évêque défendait son troupeau.

C'est dans cette influence pernicieuse et envahissante du Gnosticisme qu'il faut chercher l'explication du traditiona-

[1] I, préface ; 27, p. 4, etc.
[2] I, 18.

lisme d'Irénée, traditionalisme qu'il a transmis à son église qui s'en est profondément imbue. A l'hérésie, qui interprétait librement à sa façon les textes sacrés, il fallait opposer une règle immuable fixant le sens des livres bibliques; aux variations du Gnosticisme il fallait opposer la fixité et l'invariabilité de la foi chrétienne. L'arme précieuse dont il a besoin, Irénée la trouve dans la Tradition [1], qui est au-dessus de l'Ecriture [2]; la *regula fidei* des apôtres est la base indestructible du Christianisme et de l'Église de Jésus. Cette tradition est une et universelle; la diversité des langages ne la rompt pas, ne la désagrège pas : elle se suffit à elle-même [3]. C'est cette tradition qui donne naissance à une Église intermédiaire indispensable entre l'homme et Dieu [4] et dans le sein de laquelle seule réside le salut [5]. Cette tradition ruine donc le Gnosticisme.

Protégée si vigoureusement contre les attaques gnostiques, à l'abri des persécutions qui ne s'étaient pas rallumées depuis l'an 177, la communauté de Lugdunum pouvait travailler dans une paix relative à son développement intime; elle pouvait vivre de sa vie propre, et, en vivant et en se développant, manifester ses tendances, mettre à nu son caractère et montrer son originalité.

Cette originalité paraît d'abord dans certains faits que nous avons déjà signalés. Il y avait à Lugdunum, comme

---

[1] III, 3, où il affirme la succession apostolique des évêques de Rome. III, 4. Fragment II (Stieren I, p. 822), etc.

[2] I, 9, p. 4.

[3] I, 10.

[4] III, 24, p. 1. IV, 26, p. 2 (obéissance due aux presbytres), etc.

[5] IV, 33, p. 7. V, 20.

le prouve le témoignage de Biblias [1], des chrétiens qui ne mangeaient pas le sang des animaux; ces scrupules, d'origine tout orientale, sont rares en Occident. Un trait plus spécial à l'église de Lugdunum est la naissance, au sein des persécutions de l'an 177, de la doctrine promptement codifiée de l'indulgence des martyrs pour les *lapsi* [2]; on sait quelles oppositions suscitèrent les criants abus auxquels elle donna lieu; l'épître conservée par Eusèbe est le premier document qui fasse mention de cette doctrine. Un autre caractère de l'église de Lugdunum est l'importance de l'eschatologie dans sa foi : Satan est sans cesse mis en scène dans le récit des persécutions de 177 [3], et le dogme des peines éternelles y est clairement enseigné [4]. Mais le point saillant de cette eschatologie est la double croyance à la résurrection et à la vie éternelle; cette doctrine, professée par Irénée qui était millénaire, pénétra profondément les communautés chrétiennes de la vallée du Rhône, témoin la lettre des martyrs [5], témoin les inscriptions antiques qui font allusion à ce double espoir, comme l'épitaphe suivante trouvée à Die et qui date du Vme ou du VIme siècle :

HIC DALMATA CR
ISTI MORTE REDEM
TUS QUIISCET IN PA
CE ET DIEM FUTURI

---

[1] Eusèbe, *Hist. eccl.* V, 1, p. 26.
[2] Id., V, 1, p. 45. V, 2.
[3] Eusèbe, *Hist. eccl.* V, 1, p. 5, 14, 16, 23, 25, 27 (deux fois), 35, 42 (deux fois), 57. V, 2, p. 6.
[4] Id., V, 1, p. 26.
[5] Id., V, 1, p. 63.

JUDICII INTERCEDE
NTEBUS SANCTIS L [1]
LETUS SPECTIT.

Mais, quelque intéressants que puissent être les faits sur lesquels nous venons d'attirer l'attention du lecteur, ils sont totalement éclipsés par le caractère général que présente l'église de Lugdunum, et qui donne à cette église un rang à part dans les communautés chrétiennes d'Occident à cette époque ; nous voulons parler de la tendance montaniste que manifestent les fidèles de Lyon et de Vienne. Sans doute, l'église dirigée par Irénée n'est pas tombée dans l'hérésie de Montanus ; l'épître adressée à Éleuthère par les chrétiens lyonnais démentirait cette exagération, mais cette même épître prouve, par la modération même qu'elle dut inspirer à l'évêque de Rome, que l'opinion religieuse chrétienne à Lugdunum et à Vienne avait une secrète inclination pour les doctrines montanistes.

Quels étaient les traits caractéristiques du Christianisme de Montanus ? Le pivot sur lequel tourne le système de Montanus n'est autre que le Saint-Esprit, qui inspirait aux disciples de la secte des prophéties mêlées d'extases et de visions. Le Saint-Esprit, voilà le centre de la théologie montaniste. A ce principe et à sa conséquence directe du prophétisme visionnaire et extatique se rattachait un ascétisme rigoureux ; les jeûnes prolongés connus sous le nom de *xérophagies,* le célibat, la proscription des secondes noces, la haine du monde, des sciences et des arts, l'exaltation du martyre, étaient autant de moyens efficaces dont

[1] Répétition fautive.

il fallait user pour demeurer attaché à la véritable Église, à l'Église pure, dont on perdait les précieux privilèges non seulement en se laissant aller au péché, mais même en vivant de la vie que la sagesse chrétienne considère communément comme l'existence normale. Cet ascétisme était d'ailleurs impérieusement imposé aux fidèles par la proximité de la parousie, par l'approche de la fin du monde et du règne du Millenium; l'imminence de la catastrophe finale en faisait la condition indispensable et inéluctable du salut. Telles sont en quelques mots les lignes caractéristiques de la doctrine de Montanus.

Ces traits fondamentaux du Montanisme, nous les retrouvons chez les fidèles de Lugdunum et dans la personne de l'évêque Irénée; sans doute, la trace en est plus ou moins apparente, plus effacée sur certains points, plus profonde à d'autres égards, mais toujours réelle et facile à retrouver. C'est un signe qui trahit l'origine des premiers chrétiens de la Lyonnaise, venus d'Asie Mineure et de Phrygie, la patrie du Montanisme.

Le Saint-Esprit ou Paraclet, qui est au centre de la doctrine de Montanus, n'occupe pas, à vrai dire, une place éminente dans l'épître des martyrs [1]; c'est dans la théologie d'Irénée qu'il joue un rôle très important. Il est curieux de voir Irénée, dans le symbole de foi chrétienne qu'il a inséré dans son traité contre les Gnostiques [2], mettre l'accent sur le Saint-Esprit, pivot de cette *regula fidei* et ciment des divers dogmes qu'elle renferme. Voici la traduction de ce symbole :

---

[1] Voyez cependant : Eusèbe, *Hist. eccl.* V, 1, p. 9-10, 31.
[2] I, 10, p. 1.

« L'Église, bien que dispersée dans le monde entier jusqu'aux extrémités de la terre, a reçu des apôtres et de
leurs disciples la foi en un seul Dieu, Père tout-puissant,
qui a fait le ciel, la terre, la mer et toutes les choses qui y
sont contenues. C'est d'eux qu'elle tient la foi en Jésus-
Christ, fils de Dieu, incarné pour notre salut, et la foi
dans *le Saint-Esprit qui par les prophètes a annoncé* les
plans de Dieu, la venue de Jésus-Christ, notre bien-aimé
Seigneur, sa naissance de la Vierge, ses souffrances, sa
résurrection des morts, son ascension corporelle aux cieux,
sa parousie quand il descendra du ciel avec la gloire du
Père pour le jugement universel (ἐπὶ τὸ ἀνακεφαλαιώσασθαι
τὰ πάντα) et la résurrection de toute chair humaine, afin
que tout genou dans le ciel, sur la terre et dans les enfers,
fléchisse devant Jésus-Christ notre Seigneur, notre Dieu,
notre Sauveur et notre Roi, selon la volonté du Père invi-
sible, afin que toute langue le confesse et qu'il exerce ses
justes jugements sur tous les hommes..... »

Dans cette profession de foi, le Saint-Esprit est non
seulement un intermédiaire entre l'homme et Dieu, dont il
annonce les plans miséricordieux, mais toute l'œuvre de
Jésus est mise en quelque sorte sous la dépendance de
cette action du Saint-Esprit. Si nous considérons la théologie d'Irénée, nous y voyons le Saint-Esprit jouer le rôle
du Logos : c'est par lui que Dieu procède à la création du
monde[1]. Le Paraclet n'est autre que la Sagesse de l'Ancien Testament[2]. C'est le Saint-Esprit qui s'est incarné et
matérialisé pour ainsi dire en Jésus[3]. C'est lui qui est l'or-

---

[1] I, 22, p. 1. IV, 20.
[2] III, 24, p. 2. IV, 20, p. 3. IV, 7, p. 4.
[3] V, 1, p. 2.

gane de la révélation divine [1] et le principe de la vie éternelle [2]; il annonce le salut [3] et l'opère en partie [4], puisque,
si par Jésus on arrive à Dieu, c'est par le Saint-Esprit
qu'on arrive à Jésus.

Ce fait de mettre en saillie le rôle du Saint-Esprit
prouve-t-il qu'Irénée fut montaniste? Assurément non,
mais il montre que la doctrine de Montanus, qu'Irénée
avait étudiée, avait attiré son attention sur le point dont
Montanus avait fait le principe religieux essentiel. De ce
contact avec l'hérésie, l'église de Lugdunum, qui se van-
tait pourtant de son orthodoxie [5], conserva une tendance
montaniste; plusieurs faits nous permettent de la constater.

Nous retrouvons à Lyon les prophéties et les visions
extatiques du Montanisme; l'épître des martyrs nous raconte la vision d'Attale au sujet de l'ascétisme excessif
d'Alcibiade [6]. Ce dernier persistait en prison à jeûner
d'une façon rigoureuse, vivant seulement de pain et d'eau.
Attale, après sa première exposition dans l'amphithéâtre,
eut une révélation de Dieu, condamnant les excès d'Alcibiade. Ce simple fait prouve qu'il y avait à Lugdunum des
chrétiens visionnaires et des ascètes. Il est confirmé d'ailleurs par un passage d'Irénée, que nous avons déjà cité,
et dans lequel l'évêque parle de prophéties, de guérisons

[1] IV, 33, p. 1, etc.
[2] IV, 88, p. 1. V, 12, p. 2.
[3] I, 10, p. 1. III, 21, p. 4. IV, 88, p. 7.
[4] V, 86, p. 2.
[5] Eusèbe, *Hist. eccl.* V, 3, p. 4.
[6] Id., V, 3.

et d'exorcismes[1]. « Les uns, dit-il, chassent les démons, les autres prédisent l'avenir, d'autres guérissent par l'imposition des mains. » Il va même jusqu'à parler de morts ressuscités « qui ont vécu avec nous pendant de longues années. » Ces miracles avaient lieu dans l'église d'Irénée, parmi ses paroissiens. Ailleurs[2], Irénée condamne les chrétiens qui repoussent le don de l'Esprit-Saint et qui rejettent toute grâce prophétique dans la crainte des faux prophètes. A supposer que ces faux prophètes soient des montanistes, le blâme d'Irénée n'en dévoile pas moins le secret penchant qu'il avait pour la doctrine de Montanus. Ce n'est pas le prophétisme qui peut se manifester dans la communauté, que condamne Irénée; ce qu'il anathématise, c'est le prophétisme vaniteux et salarié[3].

Si nous ajoutons à ces faits le chiliasme de l'épître des martyrs et celui d'Irénée[4], la foi dans l'apparition prochaine de l'Antechrist[5], l'exaltation du martyre dans l'épître des confesseurs de 177[6], si nous rappelons enfin que l'Église est nommée dans cette même épître παρθένος μήτηρ[7], ce qui implique un éloge de la virginité, nous arrivons à cette conclusion évidente : l'église de Lugdunum, à l'époque d'Irénée, a subi profondément l'influence montaniste et elle a gardé un réel attachement pour cette théo-

---

[1] II, 32, p. 4.
[2] III, 11, p. 9.
[3] IV, 33, p. 6.
[4] V, 32-36.
[5] IV, Préface 4. V, 26, p. 2. Eusèbe, *Hist. eccl.* V, 1, p. 5.
[6] Eusèbe, id., V, 1, p. 32-35. Il est dit que Pothin désire subir le martyre (29).
[7] Id., V, 1, p. 45.

logie. On pourrait en conclure qu'en écrivant à Éleuthère, les fidèles de Lugdunum cherchèrent à exciter l'indulgence de l'évêque de Rome à l'égard d'une dissidence qui leur était sympathique, et pour laquelle ils avaient un profond respect.

CHAPITRE VI

La légende du martyre d'Irénée.

En quelle année Irénée fut-il enlevé à l'amour de son troupeau et quelle mort fut la sienne? La tradition répond à cette double question qu'Irénée fut martyrisé en l'an 202 pendant les massacres ordonnés à Lyon par l'empereur Septime Sévère. Cette persécution aurait coïncidé avec les fêtes du dixième anniversaire du règne de Sévère; l'empereur, au retour de son expédition en Orient, avait décrété que la célébration de ses décennales aurait lieu en même temps que celle des quinquennales de son fils Caracalla. Les chrétiens, en refusant de s'associer à ces réjouissances publiques, auraient excité le mécontentement de l'empereur et motivé son arrêt intolérant et cruel. Suivons le récit de ce martyre dans ses détails et ses variantes.

On sait qu'en l'an 202 Septime Sévère, rompant les liens de reconnaissance qui l'attachaient à l'esclave chrétien Proculus et oubliant le respect qu'il avait professé jusqu'alors pour le Christianisme, ordonna des persécutions contre les fidèles d'Égypte et du Nord de l'Afrique, persécutions dans lesquelles périrent entre autres Léonidas, le père d'Origène, Perpétua et Félicitas. Les massacres n'auraient pas été confinés, paraît-il, dans le continent africain;

la persécution s'exerça au delà de la mer et sévit d'une manière bien plus atroce encore en Gaule, à Lugdunum. Les paroles de Jésus, que le disciple n'est pas au-dessus du maître et que l'esclave est traité comme son seigneur, eurent rarement réalisation plus absolue et plus sanguinaire: dix-neuf mille chrétiens subirent le martyre avec leur évêque Irénée.

C'est dans Jacques de Voragine que la légende se présente sous sa forme la plus brillante et la plus riche. D'après lui, l'empereur en personne aurait présidé au massacre; cet empereur (Jacques de Voragine se sépare ici de la tradition commune pour commettre un anachronisme) était Marc-Aurèle. Il avait avec lui de féroces satellites choisis avec soin, sur lesquels il pouvait compter quand il leur disait: « Fermez les portes de la ville, entrez dans les maisons et égorgez tous ceux qui refuseront de sacrifier aux dieux de l'empire. » Avant que le massacre commençât, un ange du Seigneur vint avertir l'évêque du sort qui lui était réservé, et lui parla en ces termes: « Irénée, après tes grands travaux, le Seigneur Jésus te convie avec ton peuple au royaume des cieux, auquel tu parviendras par la voie du martyre. Les patriarches et les prophètes t'attendent avec tes compagnons; le chœur des apôtres, dont tu as fait retentir les enseignements dans cette ville, te contemple avec joie; les anges se tiennent devant le tribunal du Sauveur en proclamant ta constance. » L'ange ajouta: « La bienheureuse Marie te rend grâce ainsi que les saintes vierges dont tu célèbres la pureté dans tes exhortations; l'armée des martyrs sollicite pour toi et pour tes compagnons la grâce de vous voir dans ses rangs; des places brillantes vous sont réservées, et ton prédécesseur saint Pothin t'attend. Anime donc le courage de tes frères, et ne redoute pas celui qui peut tuer le corps, mais qui n'a aucun pouvoir sur l'âme. Fais cacher Zacharie[1] et les deux diacres dans des endroits où ils puissent échapper à la rage des persécuteurs, afin qu'ils puissent te remplacer après ta mort comme tu as remplacé Pothin, et pour qu'ils recueillent ton corps. » Irénée, fortifié par les paroles de l'ange et saintement fier de l'honneur que Dieu lui réservait, s'écria dans une ardente prière : « Je te rends grâce, Seigneur Jésus, fils du Dieu vivant, lumière éternelle et splendeur de justice, source de toute piété, je te rends grâce de ce que tu as daigné m'envoyer un de tes anges pour me combler de joie. Donne, Seigneur, de la constance à ce peuple, afin que tous te confessent sans crainte et que, fortifiés par ta présence, ils méritent d'obtenir les couronnes éternelles. » Après avoir achevé sa prière, il se mit à exhorter les fidèles et il leur communiqua à tel point son saint enthousiasme, que tous sans exception s'encourageaient mutuellement à souffrir le martyre. On ne fit grâce ni à l'âge, ni au sexe. Quand le tour d'Irénée fut venu, l'empereur lui dit de sacrifier aux dieux nationaux et il lui promettait qu'à cette condition il lui laisserait la vie à lui et à son peuple. D'autres traditions complètent le récit de Jacques de Voragine. L'empereur aurait fait dresser sur l'une des collines qui dominent Lyon une croix gigantesque et sur une autre éminence en face de la première une statue de Jupiter; ayant

---

[1] Ce Zacharie est le personnage biblique dont parle l'épître des églises de Lyon et de Vienne et que la tradition a transformé en prêtre lyonnais.

ensuite établi son tribunal dans la vallée qui sépare les deux massifs de Fourvières et de la Croix-Rousse, il aurait montré à l'évêque de Lyon les deux symboles religieux dressés par ses ordres en lui disant : « Choisis pour toi et pour les tiens! »

L'évêque refusa de sacrifier aux idoles, et l'exemple héroïque de sa résolution inébranlable empêcha toute apostasie. Le carnage fut épouvantable, des ruisseaux de sang coulaient sur les places publiques, au témoignage de Grégoire de Tours. Quelques auteurs obscurs rattachent à cet événement l'étymologie des mots Gourguillon[1] (quasi gurges sanguinis) et Saône; l'Arar rougie par le sang des martyrs aurait été depuis ce jour appelée Sagona, d'où vient son nom actuel. Irénée périt au milieu d'affreuses tortures qu'on ne saurait décrire; il expira en louant Dieu. Le personnage mythique qui porte le nom de Zacharie l'ensevelit dans un souterrain ignoré, mais le septième jour après la mort il apparut, au dire de Jacques de Voragine, avec une foule de martyrs au bienheureux Polycarpe, qui par conséquent ne devait pas encore être mort[2], et lui dit : « Père vénérable, reconnais le fils que tu as envoyé. Nous avons accompli la promesse qui nous avait été faite de la part du Seigneur, qui est roi du ciel et de la terre, et dont le nom est béni éternellement! »

Nous avons déjà signalé dans le cours du récit plusieurs impossibilités que comporte la légende. Il est d'autres diffi-

---

[1] C'est le nom d'une ruelle de Lyon, située sur le flanc de la colline de Fourvières, et dont la pente est très rapide.

[2] On voit de quelles erreurs grossières sont tissées les légendes de Jacques de Voragine.

cultés et d'autres variantes qu'il est bon de signaler. La tradition, par exemple, varie sur la date du martyre d'Irénée. En laissant de côté la date erronée de Jacques de Voragine qui place ce martyre en 175[1], nous voyons que la majorité des auteurs se prononce pour le 28 juin 202; c'est la date officielle dans l'église latine. L'église grecque fête notre saint le 23 août et affirme qu'il fut décapité; c'est d'Irénée qu'on lit dans quelques *Menæa* et *Synaxaria* le distique suivant cité par les Bollandistes:

$$\Sigma\pi\epsilon\dot{\nu}\delta\epsilon\iota\ \lambda\iota\pi\epsilon\tilde{\iota}\nu\ \gamma\tilde{\eta}\nu\ \dot{\epsilon}\kappa\ \xi\dot{\iota}\varphi\epsilon\upsilon\varsigma\ E\dot{\epsilon}\rho\eta\nu\alpha\tilde{\iota}\sigma\varsigma,$$
$$E\rho\omega\tau\iota\tilde{\eta}\ \gamma\dot{\alpha}\rho\ \tau\tilde{\omega}\ \pi\rho\dot{\delta}\varsigma\ \epsilon\dot{\nu}\rho\alpha\nu\dot{\nu}\varsigma\ \pi\dot{\iota}\theta\varphi.$$

Quelques auteurs ont reculé le martyre d'Irénée jusqu'en 208, époque à laquelle l'empereur Sévère passa par Lyon pour aller faire la guerre en Bretagne. Baronius place ce martyre en 205; de Rubys, Paradin, etc., proposent l'an 197, date de la prise de Lyon par l'armée de Septime Sévère; d'autres dates ont encore été mises en avant, sans que rien les recommande d'une manière spéciale à l'attention de l'historien.

Cette incertitude de la tradition sur la date du martyre d'Irénée devait susciter des doutes sur le fait même du martyre. A la fin du dix-septième siècle Dodwell fut le premier qui osa nier le martyre de l'évêque de Lugdunum; mais ses *Dissertationes in Irenæum* imprimées à Oxford en 1689, ne firent que provoquer une levée générale de boucliers. Quelques années plus tard, en 1712, le célèbre bénédictin Mas-

---

[1] Cette date est acceptée par Sixte de Sienne, etc. (Stieren II, page 30).

suet caractérisait en ces mots la tentative de Dodwell:
« Mais voici qu'un récent auteur, Dodwell, vient s'insurger
contre cette vénérable tradition transmise par tant de
témoins, et voici qu'il s'efforce d'arracher de la tête d'Irénée la couronne du martyre. » A vrai dire, en examinant
avec soin la tradition, on fit ce qu'on pourrait appeler la
part du feu; on traita volontiers, avec le jésuite Colonia[1], de
« pieuse fiction » la légende des dix-neuf mille martyrs et
celle des deux collines surmontées des symboles païen et
chrétien, mais on repoussa les négations de Dodwell. Parmi
les écrivains actuels, nous ne connaissons que M. Réville
et M. Zahn qui aient adopté les conclusions du critique
anglais[2]. Les derniers travaux parus sur la question
maintiennent en général la donnée traditionnelle[3].

Sur quels fondements cette tradition repose-t-elle? Quels
sont les documents antiques qui attestent le martyre d'Irénée? Il faut bien l'avouer, les documents les plus anciens
ignorent ce martyre. Peut-être suffirait-il, pour rejeter la
tradition, d'invoquer le fameux texte de Sulpice Sévère que
nous avons cité dans notre premier chapitre et qui ne
nomme, parmi les nombreux martyrs de la persécution
décrétée par Septime Sévère, que Léonidas, le père d'Origène. Comment oublierait-il un martyr illustre comme
l'évêque de Lugdunum, s'il le connaissait? Tertullien
(† 220), qui nous paraît raconter en homme bien informé

---

[1] *Histoire littéraire de la ville de Lyon.* Lyon, 1728, I, p. 99.
[2] Réville, *Revue des Deux-Mondes*, 15 février 1865. Zahn (article
cité).
[3] Ziegler, *Irenæus, der Bischof von Lyon*, Berlin, 1871; Kayser,
article Irénée, *Encyclopédie des sciences religieuses*, Paris, 1879.

les luttes que Septime Sévère eut à soutenir en Gaule, les dévastations qui furent la conséquence immédiate de cette guerre civile, ne mentionne ni le martyre d'Irénée, ni la persécution gauloise de l'an 202. Jérôme (✝ 420) ignore également le martyre d'Irénée; il n'en parle que dans son *Catalogue des auteurs ecclésiastiques*, et pourtant la notice qu'il consacre à l'évêque de Lyon résume exactement sa vie et son activité littéraire. Il est vrai qu'Irénée est deux fois désigné comme martyr dans les œuvres qui portent le nom de Jérôme : une première fois dans le martyrologe qui lui est faussement attribué, et dont l'inauthenticité est reconnue de tous les historiens, une seconde dans son commentaire sur le chapitre 64 d'Ésaïe, où la mention du martyre d'Irénée est une interpolation évidente. Partout ailleurs [1] Jérôme cite Irénée sans signaler son titre de martyr. Grégoire le Grand (✝ 604) déclare dans son épître XLII à l'évêque de Lyon Aetherius qu'il n'a pas trouvé les Actes d'Irénée que celui-ci lui demandait. Cette lettre est datée du dix juillet 601. Baronius [2] affirme bien avoir retrouvé quelques fragments de ces Actes, mais, comme le remarque Ruinart [3], ils sont sans valeur. Irénée n'est cité comme martyr ni par Eusèbe, ni par Épiphane, ni par Basile, ni par Augustin, ni par Hilaire, ni par Cyrille d'Alexandrie, ni par Théodoret, auteurs qui sont unanimes à couvrir d'éloges l'évêque de Lyon. S'il est vrai qu'Irénée soit mort martyr, il est très étonnant de ne retrouver aucune trace de ce martyre dans les antiques documents que nous ve-

[1] Ep. 29, ad Theodorum; Ep. 84, ad Magnum.
[2] *Annales eccl.*, Lucæ, 1788, t. II, p. 419.
[3] *Acta sincera*, Parisiis, 1689, p. 60 et 708.

nons de signaler et qui mentionnent si souvent le nom de l'évêque de Lugdunum. Puisqu'il en est ainsi, c'est que la tradition du martyre d'Irénée n'est pas encore formée à cette époque où les chrétiens étaient si jaloux de leurs confesseurs, et où ils n'avaient garde de les oublier dans leurs écrits.

Le premier document qui fasse mention du martyre d'Irénée est l'ouvrage faussement attribué à Justin martyr, et qui a pour titre « Questions et réponses aux orthodoxes. » Cette œuvre anonyme date environ du cinquième siècle ; c'est un témoin sans valeur.

Le seul témoignage important que nous possédions sur le martyre d'Irénée est celui de Grégoire de Tours († 595). Il raconte dans son histoire des Francs [1] la persécution de l'an 177, et range dans les martyrs de cette époque non seulement Pothin et ses compagnons, mais aussi Irénée. Il y eut alors tant de chrétiens égorgés qu'il n'a pu savoir ni le nombre ni les noms de ceux qui périrent. C'est au sein de cette foule de confesseurs qu'Irénée rendit témoignage à Christ et qu'*après lui* quarante-huit fidèles subirent le même sort ; Vettius Epagathus fut le premier de cette sainte phalange à mourir pour sa foi. Comme il est facile de le constater, le récit de Grégoire de Tours ne renferme qu'une tradition bien confuse encore sur la persécution dans laquelle aurait péri Irénée. Notre historien ignore les massacres ordonnés par Septime Sévère en Gaule et que la légende place en l'an 202 ; il ne connaît que la persécution de l'an 177, qui eut lieu sous le règne de Marc-Aurèle.

[1] I, 26-27.

La chronologie de Grégoire de Tours rend absolument in-
vraisemblable le martyre d'Irénée. On a supposé, il est
vrai, une interversion dans le texte de l'histoire des Francs
et on a voulu rejeter le nom d'Irénée après la mention de
Vettius Epagathus. Mais cette hypothèse est contredite
par l'affirmation de Grégoire de Tours qu'Irénée convertit
très rapidement au Christianisme la cité gallo-romaine ;
cette célérité dans les résultats de l'évangélisation rendait
seule possible le martyre d'Irénée sous l'administration de
Marc-Aurèle. Le *de gloria martyrum* ne fait que répéter l'histoire des Francs ; il y est parlé pourtant de miracles opérés sur la tombe de l'évêque. La tradition du martyre d'Irénée, telle que nous la trouvons dans Grégoire de
Tours, est donc remplie de contradictions et d'obscurités ;
c'est dire que nous assistons à la naissance de la légende
qui va de plus en plus se préciser.

Nous retrouverons encore les mêmes déficits, les mêmes
incertitudes sur la tradition du martyre d'Irénée, dans
cette curieuse littérature hagiographique des martyrologes
et des calendriers ecclésiastiques où l'on hésite à chaque
instant en parcourant les longues listes des noms de saints,
et où l'on se demande sans cesse à quelle ligne commence
le texte authentique, à quelle autre finit l'interpolation. Le
Kalendarium romanum, que Ruinart [1] fait remonter au
milieu du quatrième siècle, ne cite pas Irénée comme martyr, bien qu'il mentionne des confesseurs étrangers à
Rome, Perpetua et Felicitas, par exemple, de Carthage.
Le *Kalendarium carthaginense,* que le même savant croit

[1] *Op. cit.,* p. 602.

avoir été composé au cinquième siècle, ignore aussi le martyre d'Irénée, quoiqu'il cite également des confesseurs étrangers à l'église de Carthage, Hippolyte par exemple.

Il faut descendre jusqu'au huitième et au neuvième siècle pour trouver dans les martyrologes la mention du martyre d'Irénée et pour constater que la légende a vieilli, et qu'elle a pris un aspect plus vénérable, une forme moins indécise. Le martyrologe d'Adon († 874) semble fixer la légende. A la date du 28 juin (D. IV Kalendas Julii) nous y lisons qu'Irénée fut martyrisé sous Septime Sévère en même temps que la presque totalité du peuple de Lyon, et qu'il fut enterré par le prêtre Zacharie dans la crypte de l'église de Saint-Jean-Baptiste. Le texte d'Adon est ici évidemment interpolé; comme on le verra dans notre dernier chapitre, le corps d'Irénée passe pour avoir été enseveli dans la crypte de l'église de Saint-Jean l'apôtre, bien antérieure à l'église de Saint-Jean-Baptiste dont l'origine ne remonte pas au delà du dixième siècle. Le passage du martyrologe d'Adon n'a donc pu être écrit qu'à une époque où il était possible de confondre les deux églises quasi homonymes.

C'est la notice d'Adon qui est dès lors reproduite, avec de nombreuses variantes et de grandes incertitudes orthographiques, dans des martyrologes postérieurs. Le martyrologe d'Usuard († 897), rédigé sur l'ordre de Charles le Chauve et achevé en 876, transcrit le texte d'Adon. Le martyrologe qui porte le nom de Bède reproduit le passage d'Adon avec l'erreur commise sur l'église de Saint-Jean-Baptiste, et mentionne six autres martyrs lyonnais. Le martyrologe inauthentique de Jérôme, dont les manuscrits remontent au huitième siècle, accolle Irénée aux martyrs d'Alexandrie : Lugduno Galliæ, natalis Herenei episcopi cum aliis sex, Leonidis, Plutarci, Sereni, Potaminæ, Marcelli. Le *Martyrologium Gellonense*, de l'an 804 environ, place Irénée après les martyrs d'Alexandrie, mais on a si bien senti l'incertitude de cette rédaction (Lugduno, Herenei, Marcellæ) qu'on a imaginé pour la circonstance un martyr du nom d'Irénée à Alexandrie. Le martyre d'Irénée est encore cité dans le martyrologe de Notker (+ 912), dans un martyrologe de Fulda, et dans beaucoup de manuscrits, mais un certain nombre de martyrologes et de calendriers ecclésiastiques n'en parlent pas.

Quant à l'Église de Lyon, elle appuie sa double tradition du martyre d'Irénée et des dix-neuf mille fidèles compagnons de l'évêque dans les souffrances du supplice, sur un ancien document manuscrit qu'on trouve désigné par les divers noms suivants dans les *Acta Sanctorum* des Bollandistes :

MS. eccles. Lugdun. apud Severtium (Halloixius. in notis, c. 12 [1]).
MS. codex eccles. S. Irenæi. (Raynaudus, Prol. IV, Indiculi [2]).
Homilarium.

Ce manuscrit unique daterait tout au plus, d'après les Bollandistes, du neuvième ou du dixième siècle. Des renseignements analogues se trouvent, d'après les mêmes au-

[1] Le jésuite Halloix a écrit sur la vie d'Irénée.
[2] Nous avons cité plus haut l'ouvrage de Raynaud (*Indiculus sanctorum lugdunensium*).

teurs, dans deux ouvrages de la fin du quinzième siècle.
Ces deux ouvrages sont sur les « sex œtates mundi; » l'un
d'eux a paru en 1493 à Nuremberg, l'autre en 1475 à
Lubeck; tous deux racontent la légende des deux collines,
mais celle des dix-neuf mille martyrs n'est que dans le dernier. D'après les auteurs du Gallia christiana, l'Église de
Lyon possédait au siècle dernier les Actes d'Irénée, actes
que ces savants jugent n'avoir aucune valeur[1]. Dans la
controverse qui eut lieu au quinzième siècle entre les chapitres des deux églises de Saint-Just et de Saint-Irénée au
sujet de l'authenticité des reliques que ces églises possé-
daient (chacune d'elles prétendait avoir les véritables corps
d'Irénée, d'Alexandre et d'Épipode), nous voyons les deux
partis invoquer à l'appui de leur thèse plusieurs manuscrits
et diverses inscriptions. Mais ces inscriptions ne remon-
taient pas à une date plus ancienne que le douzième ou le
treizième siècle, et quant aux manuscrits, ils étaient récents
à cette époque. La chronique de l'église de Saint-Just,
citée par les Bollandistes, qui donne le chiffre de 19,700
martyrs comme l'inscription de cette église, date de 1287.
L'homélie lue par le chapitre de Saint-Irénée à la fête du
patron de l'église, invoquée par lui dans la controverse de
1413, et qui porte le nombre des martyrs à dix-neuf mille,
n'a pas une origine plus antique, d'après les Bollandistes.

Ces divers manuscrits ont disparu, mais la perte en est
peu regrettable; c'étaient sans aucun doute de simples
chroniques sacerdotales, de pures compilations des légendes

[1] T. IV, p. 11 (Paris, 1728).

locales, composées dans un but apologétique évident, et destinées à un usage liturgique. Les inscriptions originales ont également disparu, mais on en a des copies; elles ne reproduisent d'ailleurs que le résumé des manuscrits. La liturgie lyonnaise, qui date du sixième siècle, à ce que prétendent les auteurs catholiques, ne parle pas des dix-neuf mille martyrs de Lyon; il faut avouer que ce silence est très important.

De ces incertitudes et de ces contradictions nous tirons la conclusion suivante: puisque les traces les plus anciennes de la légende du martyre d'Irénée ne peuvent pas être suivies au delà du cinquième siècle, si l'on accorde quelque valeur au témoignage anonyme de l'auteur des « Questions et réponses aux orthodoxes, » ou du sixième siècle, si l'on s'en tient aux récits de Grégoire de Tours, c'est que la légende a mis deux ou trois siècles à se former. La tradition relative aux dix-neuf mille martyrs ne remonte qu'au douzième siècle environ.

Voilà les faits; reste maintenant à expliquer la légende, à en découvrir les origines et à en rechercher les causes. Dans ce but, rappelons d'abord en quelques mots les circonstances politiques de l'époque à laquelle aurait eu lieu le martyre d'Irénée.

Septime Sévère, qui avait été gouverneur de la Gaule lyonnaise vers 186 et qui y avait laissé de bons souvenirs par son intégrité et sa sévérité contre les criminels, était proclamé empereur d'Occident en 193, tandis que Niger l'était en Orient. C'est à cette époque qu'Albinus fut nommé César par Sévère; il était alors en Grande-Bretagne. Dévoré de l'ambition de supplanter son maître, Albinus passe

en 196 en Gaule, où les armées du Rhin et la population
semblent se déclarer en sa faveur et prendre fait et cause
pour lui ; dès lors la guerre est déclarée entre l'empereur
et son rival, et la lutte commence. Au début de la campa-
gne, la fortune fut contraire à l'empereur, et les troupes
qu'il avait en Gaule furent battues à plusieurs reprises par
celles d'Albinus ; Sévère résolut alors de se rendre lui-
même dans ce pays pour y défendre sa couronne. L'empereur surprit Albinus en plein hiver. La bataille qui décida
du sort des deux rivaux et qui termina la guerre civile fut
livrée le 19 février 197 dans les environs de Lyon, près de
Trévoux. D'après Dion [1], trois cent mille hommes étaient
en présence dans les deux armées. La victoire demeura
longtemps douteuse, mais après une lutte acharnée Sévère
était maître du champ de bataille, et l'ennemi en déroute
se réfugia à Lyon. Les vainqueurs y pénétrèrent à la suite
des vaincus ; la ville fut pillée et ravagée [2], de nombreux
incendies furent allumés et il n'y eut guère que le temple
de Rome et d'Auguste qui fut respecté. Albinus s'était
donné la mort ; Sévère fit passer son cheval sur le cadavre
qu'il laissa pourrir à la voirie. Implacable dans sa haine, il
fit égorger la femme et les enfants d'Albinus, ses parents,
ses amis et les grands de Gaule et d'Espagne qui avaient
soutenu son rival [3]. On a retrouvé à Lyon quelques traces
de cette guerre civile : des médailles et des monuments
épigraphiques portant le nom de Sévère et surtout une in-

---

[1] *Historiæ romanæ liber LXXV, Severus XXI.*
[2] *Herodiani historiarum III, 7.*
[3] *Aelii Spartiani Severus imperator XII.*

scription célèbre [1] qui rappelle l'heureuse issue de la lutte entre Sévère et Albinus [2].

Que devinrent les chrétiens pendant cette guerre civile et lors du sac de la cité? Leur rôle fut effacé; la communauté chrétienne se tint à l'écart et resta du côté de l'empereur. Irénée soutenait la légitimité de l'autorité civile et son droit divin, et il recommandait aux chrétiens l'obéissance aux pouvoirs publics [3]; les fidèles suivirent exactement cette règle. Nous en avons pour garant le témoignage de Tertullien. Il affirme en effet qu'il n'y avait aucun chrétien parmi les partisans d'Albinus et il ne cache pas l'horreur que lui inspirent les fauteurs de guerres civiles [4]. Tertullien ignore en outre le martyre d'Irénée et de ses compagnons; il est impossible de comprendre pareille ignorance, si Irénée a été réellement martyrisé, chez un

---

[1] C'est l'inscription (N° 304) qui commence par ces mots :

```
BONAE. MENTI. AC. RE
DVCI. FORTUNAE. RED
HIBITA. ET. SVSCEPTA
        PROVINCIA
```

Il est fait allusion à trois Augustes. Nous pensons que ces trois Augustes sont Septime Sévère, Caracalla et Geta ; la *province rendue* est la Gaule lyonnaise après la défaite d'Albin. Nous avons trouvé notre opinion confirmée par un mémoire de M. Mongez, lu à l'Institut et publié dans les *Archives historiques et statistiques* du département du Rhône. Cette inscription a été composée entre les années 208 et 211.

[2] Il existe près de Lyon un village du nom d'Albigny (Albinus), sur la rive droite de la Saône, et sur le plateau bressan un autre village du nom de Civrieux (Severiacum).

[3] V, 24.

[4] Apologeticus 35. Ad Scapulam 2.

auteur si bien au courant des événements qui se passèrent alors en Gaule et à Lyon. Ces deux faits nous paraissent contredire l'hypothèse de M. Réville [1] qui trouve l'origine de la légende du martyre d'Irénée dans le seul incident du sac de Lyon en 197, sac pendant lequel Irénée aurait péri. A supposer qu'Irénée eût été massacré par la soldatesque en furie, ce meurtre, que sa cause fût politique ou accidentelle, n'en eût pas moins passé pour un martyre véritable et Tertullien la connaîtrait. S'il en eût été ainsi, comment aurait-il pu affirmer que les chrétiens restèrent étrangers au soulèvement d'Albinus?

Septime Sévère était un de ces hommes qui sont prêts à tout sacrifier à ce qu'ils considèrent devoir être le repos public; par malheur, il comptait les chrétiens parmi les perturbateurs de l'empire. C'est du moins ce qu'il montra en 202, renonçant à la modération dont il avait usé jusqu'alors envers les chrétiens, lorsqu'il ordonna des persécutions en Orient. Peut-être redoutait-il les excès montanistes, le refus que les soldats chrétiens opposaient aux ordres de participer aux sacrifices publics; peut-être était-il exaspéré de l'éloignement systématique dans lequel se tenaient les chrétiens à l'égard des fêtes célébrées en son honneur. En tout cas, l'histoire ne mentionne d'édit de proscription qu'en Orient; elle ignore celui de la Gaule.

Où donc trouver l'origine de la légende du martyre d'Irénée et de ses dix-neuf mille compagnons? Il n'y a pas de solution du problème dans une de ces ingénieuses explications dont la légende des onze mille vierges de Cologne

[1] Saint Irénée et les Gnostiques de son temps, *Revue des Deux-Mondes*, 15 février 1865.

nous présente un frappant exemple; la mythologie lyonnaise n'offre aucune ressource à cet égard. Aucun document ne permet de supposer quelque erreur de numération commise par un copiste inintelligent; il n'y a pas lieu non plus d'imaginer quelque étymologie fantaisiste rappelant l'*Undecimilla* de Cologne. Nos recherches ne doivent donc pas sortir du cadre historique de la légende.

A vrai dire, le chiffre de dix-neuf mille martyrs n'a rien d'insolite dans le domaine des martyrologes. Les *Acta sanctorum* offrent toute une série de nombres colossaux de martyrs : des dix mille confesseurs d'Arménie au 22 juin, les quinze mille de Perse au 22 avril [1], les seize mille d'Égypte au 1er janvier, les dix mille de Rome au 25 mai, etc. Parmi ces traditions, il en est qui répondent à des faits réels, témoin les épouvantables massacres de chrétiens en Perse, sous Schapur II, en 343, et qui durèrent trente-cinq ans. Mais plusieurs de ces nombres ne sont que des inventions fabuleuses.

Quant à la légende du martyre d'Irénée et de ses compagnons, il faut en chercher l'origine dans les confusions, nées plus tard dans les traditions ecclésiastiques, entre la persécution de l'an 177 et le sac de Lyon en 197. On a identifié les massacres religieux du règne de Marc-Aurèle avec les massacres politiques du règne de Septime Sévère; les égorgés de la guerre civile ont été rangés par quelque écrivain, qui ignorait le témoignage de Tertullien sur le rôle des chrétiens lyonnais à cette époque, parmi les martyrs de 177. Il est certain que Grégoire de Tours commet

[1] On trouve au 17 juillet le même nombre de martyrs persans; il s'agit évidemment de la même tradition.

la confusion. Quant à mettre Irénée au nombre des suppliciés, il n'y avait pas à attendre la moindre hésitation de la part de la tradition; si un nombre considérable de fidèles avaient péri en 177, comme l'affirmait Grégoire de Tours, l'évêque Irénée devait être de ce nombre-là. Le successeur d'un martyr, évêque d'une église de confesseurs, ne pouvait mourir lui-même que de la main du bourreau.

Irénée s'est éteint après une vie fort remplie et bien remplie; il survécut à la catastrophe de l'an 197 et il eut la douleur de contempler les ruines de sa ville d'adoption qui en jonchèrent le sol pendant longtemps. L'état précaire de la communauté de Lugdunum ne dut qu'empirer au sein de ces dévastations. C'est dans ce désordre qui inaugure l'histoire de Lyon au IIIme siècle qu'Irénée disparut à son tour. Des confusions historiques nées au moyen âge sortit la légende de son martyre; la postérité ratifia avec empressement cette affirmation, dont l'erreur se propagea de plus en plus : Irénée est mort martyr ! La grandeur du nom d'Irénée n'est pas attachée à cette couronne d'immortelles; l'activité pastorale de l'évêque, ses écrits, ses talents, son caractère suffisent à lui assurer une place honorable dans le souvenir des hommes.

CHAPITRE VII

Les reliques et le culte d'Irénée.

Deux églises rivales ont pendant longtemps prétendu à la possession des reliques de saint Irénée : ce sont les églises de Lyon qui sont placées sous les vocables de Saint-Irénée et de Saint-Just[1]. On lisait autrefois dans l'église de Saint-Just l'inscription suivante, composée en l'an 1293, que nous empruntons aux Bollandistes :

. . . .
Yreneus pulchro jacet hic testante sepulcro.
Sanctus Alexander, et Ypipodius hic requiescunt,
Atque Polycarpus, quorum semper bona crescunt.
Martyrii florem passi fudere cruorem.
Yreneum Procerum sociant bis millia dena,
Sed tria centena desunt. . . . .

Cette inscription fut enlevée à la suite de l'enquête qui condamna le Chapitre de Saint-Just. On lit encore dans l'église de Saint-Irénée cette autre inscription, gravée sur le frontispice du monument et reproduite dans la crypte :

[1] C'est un évêque de Lyon † vers 390. Cette église est dédiée « Machabaeis primo, deinde sancto Justo. » Ces Maccabées sont les martyrs de 177.

Ingrediens loca tam sacra, jam rea pectora tunde ;
Posce gemens veniam, lacrymas hic cum prece funde.
Præsulis hic Irenaei turma jacet sociorum,
Quos per martyrium traduxit ad alta polorum.
Istorum numerum, si nosse cupis, tibi pando ;
Millia dena novemque fuerunt sub duce tanto :
Hinc mulieres et pueri simul excipiuntur.
Quos tulit atra manus, nunc Christi luce fruuntur.

D'après le P. Colonia [1], qui vivait au commencement du siècle dernier, cette inscription était encore de son vivant enchâssée dans une antique mosaïque, qui fut plus tard détruite; il la compare à une mosaïque de l'église d'Ainay qui reproduit des vers léonins sur le pape Pascal II et qui date de l'an 1112.

Le corps d'Irénée a-t-il été enseveli dans le voisinage de l'une ou l'autre de ces églises, et a-t-on construit jamais un autel sur l'emplacement où avaient dû reposer ses restes? Il est impossible de répondre à ces questions. Les historiens qui les ont abordées commettent de perpétuelles confusions dont voici la cause. Il existe actuellement sur le plateau de Saint-Just (au sud du plateau de Fourvières) deux églises, celles que nous avons nommées au début de ce chapitre, qui semblent avoir une commune origine dans la crypte légendaire de Saint-Jean, où le corps d'Irénée passe pour avoir été déposé au sixième siècle. C'est sur le prétendu emplacement de cette crypte que l'évêque Patient construisit vers 480 une église dédiée à l'apôtre Jean et dont Sidoine Apollinaire, qui écrivait au cinquième siècle, nous a laissé une pompeuse description. Sur quel sol ce temple

[1] *Op. cit.*, p. 106-107.

fut-il érigé? Est-ce sur le sol occupé par l'église actuelle de Saint-Irénée, ou bien sur l'emplacement de l'église de Saint-Just? On ne saurait trancher la difficulté : le temple construit par Patient fut détruit en 732 par les Sarrasins.

Les historiens commettent encore de nouvelles confusions au sujet de l'antique église érigée par Patient et dédiée à l'apôtre Jean, et de la cathédrale de Lyon placée sous le vocable de saint Jean-Baptiste. Il existait au cinquième siècle, au pied de la colline de Fourvières, une église portant le nom de Saint-Étienne et qu'avait bâtie l'évêque Albin ou Alpin ; cet édifice ayant été destiné à d'autres usages, l'archevêque Arige († 611) fit construire près de là l'église Sainte-Croix et y ajouta un baptistère, consacré à Jean-Baptiste [1], qui fut détruit par les gens de guerre au huitième ou au neuvième siècle. Quant à l'église de Saint-Jean-Baptiste, ses origines ne remontent pas au delà du dixième siècle, et la cathédrale actuelle n'a été commencée qu'à la fin du douzième siècle.

Comment déterminer, d'après ces traditions incertaines sur la topographie ecclésiastique lyonnaise, l'emplacement du tombeau d'Irénée?

L'église actuelle de Saint-Irénée, qui est de construction récente, possède une crypte qui paraît ancienne; on a conservé dans cette crypte douze épitaphes chrétiennes ou supposées telles, dont la plus ancienne est du quatrième siècle. Le musée de Lyon possède vingt-six autres monu-

[1] Monfalcon parle d'un antique baptistère de ce nom qu'aurait élevé l'évêque Alpin.

ments épigraphiques provenant des fouilles faites sur l'emplacement où dans le voisinage de l'église de Saint-Irénée. Il est évident qu'il existait un cimetière gallo-romain dans cette partie de l'ancienne ville.

D'après les Bollandistes, ce fut en l'an 908 qu'on retrouva les corps d'Irénée, d'Alexandre et d'Épipode. Où les retrouva-t-on? La question est insoluble, puisqu'au quinzième siècle les Chapitres de Saint-Irénée et de Saint-Just prétendent posséder les trois reliques dans chacune de leurs églises. On peut lire dans les *Acta Sanctorum* les pièces du curieux procès issu en 1410 de ces prétentions rivales. Aucun des deux Chapitres ne voulant céder à l'autre son titre de propriété, le légat du pape, le cardinal de Thurey, fut chargé de faire une enquête et de terminer le différend. En 1413, il donna raison aux chanoines de Saint-Irénée, après avoir ouvert dans la crypte de cette église les tombeaux des trois saints et constaté (nous ignorons par quels moyens) l'identité des illustres martyrs. Le procès-verbal de cette cérémonie ajoute que le crâne d'Alexandre était encore couvert de ses cheveux, miracle qui produisit sur les assistants une profonde impression.

Les saintes reliques devaient traverser encore de mauvais jours; lorsque les calvinistes se furent emparés de Lyon en 1562, dans la nuit du 30 avril au 1er mai, ils prirent les ossements des martyrs lyonnais et les mélangèrent avec des os d'animaux [1]. On fit plus tard le triage scientifique de ces débris.

---

[1] « O tempus! O mores! Qui Gnosticos represserat, ejus reliquiæ Hu-Gnosticorum cruentatas jam pridem sanguine bonorum ac barbaras manus effugere non potuerunt! » Feuardent, Stieren II, page 31.

L'église de Saint-Irénée eut à souffrir des violences des calvinistes, témoin l'enquête ordonnée par Charles IX en 1563 pour constater les dégâts. Mais on a beaucoup exagéré les dommages causés par les réformés en 1562.

Un manuscrit de la Bibliothèque de Lyon (de *Tristibus Galliæ*) parle d'églises que le baron des Adrets aurait fait sauter avec la poudre. Tout autre est le langage de Calvin écrivant le 13 mai 1562 à ses frères de Lyon : « Desjà il y a du zèle inconsidéré à faire ces ravages qu'on a faits aux temples... » S'il faut en croire de Thou, « dans les premiers tems, les nouveaux maîtres de Lyon firent paraître de la modération et de la douceur; mais bientôt le soldat se licencia jusqu'au point de forcer et profaner les églises, de renverser les autels et de briser les images [1]. » Le comte de Sault, gouverneur de Lyon en 1562, écrivait au roi de France que les calvinistes avaient commis peu de dégâts. Un historien catholique [2] déclare enfin que les dévastations des calvinistes ne furent rien quand on les compare à celles des révolutionnaires, qui détruisirent l'église de Saint-Irénée lors du siège de Lyon.

L'église de Saint-Irénée fut rebâtie au commencement de notre siècle; on a mis au jour, en exécutant des travaux de réparation en 1863, un tombeau qui renfermait, à ce qu'on a prétendu, les restes du légendaire Zacharie. La découverte de tous ces tombeaux n'a rien d'étonnant, quand on sait qu'il existait un cimetière gallo-romain dans le voisinage de l'église de Saint-Irénée, le long de la voie

---

[1] *France protestante*, 2me édition, Paris 1879, t. II, p. 95-96.
[2] Bard, *Statistique générale des basiliques de Lyon.*

d'Aquitaine, dont le point de départ se trouvait à cet endroit de la ville.

Après l'an 1562, le squelette, attribué à Irénée disparut, mais on rentra plus tard en possession de la tête, qui fut transportée dans l'église de notre saint. D'autres reliques d'Irénée sont conservées en Calabre.

Plusieurs fêtes ont été instituées en l'honneur d'Irénée. On organisa une procession solennelle le jour de sa fête. On célèbre la *Révélation* de ses reliques le troisième dimanche après Pâques; cette solennité date du procès de 1413. Il existe encore, depuis longtemps déjà, une *confrérie des martyrs*, dont Irénée est le principal objet de culte, et dans laquelle indulgence plénière est accordée à tout nouveau membre le jour de sa réception. Enfin n'oublions pas que, depuis l'épiscopat de Camille de Neuville, saint Irénée est le patron du diocèse de Lyon.

Vu et approuvé :

Le Président de la soutenance,
G. BONET-MAURY.

Vu :

Le Doyen,
F. LICHTENBERGER.

Vu et permis d'imprimer :

Le Vice-Recteur de l'Académie de Paris,
GRÉARD.

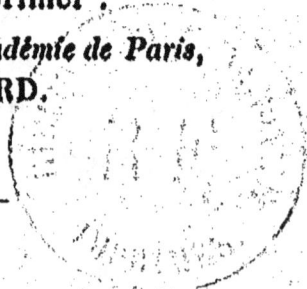

TABLE